AF452805

MUSÉE PÉDAGOGIQUE

ET

BIBLIOTHÈQUE CENTRALE DE L'ENSEIGNEMENT PRIMAIRE.

MÉMOIRES

ET

DOCUMENTS SCOLAIRES

PUBLIÉS PAR LE MUSÉE PÉDAGOGIQUE.

Fascicule n° 38.

L'EXPOSITION SCOLAIRE

DE 1889.

PARIS.

IMPRIMERIE NATIONALE.

HACHETTE ET Cⁱᵉ,
ÉDITEURS,
Boulevard Saint-Germain, n° 79.

CH. DELAGRAVE,
ÉDITEUR,
Rue Soufflot, n° 15.

ALPHONSE PICARD,
Rue Bonaparte, n° 82.

1887.

MÉMOIRES ET DOCUMENTS SCOLAIRES

PUBLIÉS PAR LE MUSÉE PÉDAGOGIQUE.

Sous le titre de **Mémoires et documents scolaires**, le Musée pédagogique publie, à intervalles irréguliers, des travaux ou documents intéressant l'instruction publique à ses divers degrés. Les fascicules suivants ont déjà paru et sont en vente, à Paris, aux bureaux de la *Revue pédagogique*, librairie Ch. Delagrave, rue Soufflot, n° 15, à la librairie Hachette, boulevard Saint-Germain, n° 79, et chez Alphonse Picard, libraire, rue Bonaparte, n° 82.

Fascicule n° 1.

Le projet de loi sur l'organisation de l'enseignement primaire (1882-1884), recueil de documents parlementaires relatifs à la discussion de cette loi à la Chambre des députés. Un fort volume in-8° de XII-832 pages. Prix.......................... 6 fr.

Fascicule n° 2.

Une acquisition de la bibliothèque du Musée pédagogique : *Dialogus Jacobi Fabri Spatulensis in phisicam introductionem. Introductio in phisicam Aristotelis*; in-4°, imprimé en 1510 par Jean Haller, à Cracovie. Étude bibliographique et pédagogique, par L. Massebieau. (Extrait de la *Revue pédagogique*, numéro du 15 mai 1885.) Une brochure in-8°. Prix... 50 cent.

Fascicule n° 3.

Répertoire des ouvrages pédagogiques du XVI° siècle (*Bibliothèques de Paris et des départements*). Un vol. in-8° de 800 pages, imprimé à l'Imprimerie nationale. Prix..... 5 fr.

Fascicule n° 4.

Les sciences expérimentales dans l'enseignement primaire, par René Leblanc. (Extrait de la *Revue pédagogique*, numéros du 15 février et du 15 mai 1883, et numéro du 15 août 1885.) Une brochure in-8°. Prix.................................... 80 cent.

Fascicule n° 5.

Compte rendu officiel du Congrès international d'instituteurs et d'institutrices, tenu au Havre du 6 au 10 septembre 1885. Un volume in-8°. Prix................... 2 fr.

Fascicule n° 6.

Règlements et programmes d'études des écoles normales d'instituteurs et des écoles normales d'institutrices. Un volume in-8°, imprimé à l'Imprimerie nationale. Prix.... 1 f. 25°.

Fascicule n° 7.

Schola aquitanica : *Programme d'études du collège de Guyenne au XVI° siècle*, réimprimé avec une préface, une traduction française et des notes, par L. Massebieau. Un volume in-8°. Prix.. 1 f. 80°.

Fascicule n° 8.

Instruction spéciale sur l'enseignement du travail manuel dans les écoles spéciales d'instituteurs et les écoles primaires élémentaires et supérieures. Un volume in-8°, imprimé à l'Imprimerie nationale. Prix.. 70 cent.

Fascicule n° 9.

Projet d'instruction pour l'installation d'écoles enfantines modèles. Un volume in-8°, imprimé à l'Imprimerie nationale. Prix.. 1 fr.

Fascicule n° 10.

Le projet de loi sur l'organisation de l'enseignement primaire (1886), recueil de documents parlementaires relatifs à la discussion de cette loi au Sénat (*1re délibération*). Un fort volume in-8° de 586 pages. Prix............................... 3 fr.

MINISTÈRE
DE L'INSTRUCTION PUBLIQUE, DES CULTES
ET DES BEAUX-ARTS.

EXPOSITION UNIVERSELLE
DE 1889.

ORGANISATION DE L'EXPOSITION

DE

L'ENSEIGNEMENT PRIMAIRE PUBLIC.

INSTRUCTION GÉNÉRALE ET ANNEXES.

PARIS.

IMPRIMERIE NATIONALE.

M DCCC LXXXVII.

PARTIE OFFICIELLE.

1. — ARRÊTÉ DU 4 AVRIL 1887.

2. — INSTRUCTION GÉNÉRALE DU 31 JUILLET 1887.

ARRÊTÉ DU 4 AVRIL 1887

instituant une Commission ayant pour objet la préparation de l'exposition de l'enseignement primaire public devant faire partie de la classe VI de l'Exposition universelle de 1889.

LE MINISTRE DE L'INSTRUCTION PUBLIQUE ET DES BEAUX-ARTS

ARRÊTE :

ART. 1er. Il est institué, au Ministère de l'Instruction publique, une Commission ayant pour objet la préparation de l'exposition de l'enseignement primaire public devant faire partie de la classe VI de l'Exposition universelle de 1889.

ART. 2. Cette Commission est chargée de déterminer les règles d'après lesquelles les différents établissements d'enseignement primaire public devront choisir et coordonner les objets destinés à composer leur exposition. Elle rédigera en particulier le projet de l'instruction spéciale à envoyer pour l'organisation de l'exposition du Ministère (classe VI). Elle procédera ensuite à la réception, à l'examen et à l'admission des objets, ainsi qu'à la confection du catalogue de l'exposition scolaire.

ART. 3. Le rapport de la Commission comprendra six sections, savoir :

1re SECTION : Enseignement du premier âge : jardins d'enfants, écoles maternelles, classes enfantines.

2e SECTION : Enseignement primaire élémentaire.

3e SECTION : Enseignement primaire supérieur.

4e SECTION : Enseignement professionnel : Écoles nationales d'apprentissage.

5e SECTION : Écoles normales et Écoles normales supérieures d'enseignement primaire.

6ᵉ Section : I.   Enseignement des adultes.

II.   Bibliothèques.

III.   Enseignement des sourds-muets, des aveugles.

Dans chaque section, il sera fait, en vue du choix et du classement des objets à admettre, une étude distincte des questions relatives :

1° A l'installation matérielle;

2° Aux méthodes et procédés d'enseignement;

3° Aux spécimens des devoirs des élèves et des travaux des maîtres.

Art. 4. Sont nommés membres de ladite Commission :

MM. Gréard, membre de l'Institut, vice-recteur de l'Académie de Paris, *président;*

F. Buisson, inspecteur général de l'Instruction publique, directeur de l'enseignement primaire, *vice-président;*

Bainier, directeur de l'école municipale Arago;

Bertrand, inspecteur général de l'Instruction publique;

Bonet-Maury, sous-directeur du Musée pédagogique;

Boutan, inspecteur général de l'Instruction publique;

Bouvard, architecte du Gouvernement;

Brouard, inspecteur général honoraire de l'Instruction publique;

B. Buisson, délégué du Ministère aux expositions de Londres et de la Nouvelle-Orléans;

Cadet (F.), inspecteur général de l'Instruction publique;

Carré, inspecteur général de l'Instruction publique;

Chipiez, inspecteur de l'enseignement du dessin;

Clerc, inspecteur général de l'Instruction publique;

Hipp. Durand, inspecteur général honoraire de l'Instruction publique;

James Guillaume, secrétaire de la *Revue pédagogique;*

Hément, inspecteur primaire du département de la Seine, chargé de mission;

Jacoulet, inspecteur général, directeur de l'École normale supérieure d'instituteurs de Saint-Cloud;

Jost, inspecteur général de l'Instruction publique;

MM. Marcel Lambert, architecte;

Lenient, directeur de l'école normale primaire d'instituteurs du département de la Seine, membre du Conseil supérieur de l'Instruction publique;

Levasseur, membre de l'Institut, professeur au Collège de France;

Leyssenne, inspecteur général de l'Instruction publique;

Martel, directeur du Musée pédagogique;

de Montmahou, inspecteur général honoraire de l'Instruction publique;

Félix Narjoux, architecte;

Pécaut, inspecteur général de l'Instruction publique;

Pillet, inspecteur de l'enseignement du dessin;

Salicis, inspecteur général de l'Instruction publique;

Gaston Trélat, architecte;

Vapereau, inspecteur général de l'Instruction publique;

Vaudoyer, architecte;

Vessiot, inspecteur général de l'Instruction publique;

Armand Templier, éditeur, désigné par le Cercle de la librairie.

Armand Collin, désigné par le Cercle de la librairie.

Mlle Bonnefon, directrice de l'école normale d'institutrices de Chartres;

Mmes Bourguet, directrice de l'école maternelle Pape-Carpantier;

Chégaray, directrice de l'école municipale supérieure à Paris;

Dillon, inspectrice générale des écoles maternelles;

Escali, directrice d'école primaire à Paris;

Mlles Bignon Fanny, professeur à l'école municipale supérieure, secrétaire de la Société zoologique de France;

Ferrand, directrice de l'école normale d'institutrices du département de la Seine;

Fontes, directrice de l'école normale d'institutrices de Melun;

Mmes de Friedberg, directrice de l'École normale supérieure d'institutrices de Fontenay-aux-Roses;

Kergomard, inspectrice générale des écoles maternelles, membre du Conseil supérieur de l'Instruction publique;

Mlles de la Forge, inspectrice des écoles communales de la ville de Paris;

Malmanche, inspectrice des cours commerciaux de la ville de Paris;

Mlle Marchef-Girard, déléguée à l'inspection générale pour les écoles
    primaires supérieures et professionnelles de jeunes filles;
Mmes Melouzay, ancienne directrice d'école normale;
    Schéfer, inspectrice des écoles de la ville de Paris;
MM. Armagnac, chef de bureau de la direction de l'enseignement
    primaire;
    Boniface, chef de bureau de la direction de l'enseignement pri-
    maire;
    Cadet (Ernest), chef de bureau de la direction de l'enseigne-
    ment primaire;
    Petit, chef de bureau de la direction de l'enseignement pri-
    maire;
    Turlin, chef de bureau de la direction de l'enseignement pri-
    maire;
    Zidler, chef de bureau de la direction de l'enseignement pri-
    maire;
    Maillé, inspecteur primaire honoraire;
    Messin, inspecteur primaire à Paris;
    Pinet, inspecteur primaire honoraire;
    Schmit, sous-chef de bureau de la direction de l'enseignement
    primaire.

ART. 5. MM. Maillé et Messin rempliront les fonctions de
secrétaires de la Commission.

La Commission choisira elle-même ses secrétaires et rapporteurs de sections et, s'il y a lieu, son rapporteur général.

L'instruction spéciale mentionnée à l'article 2 devra être publiée avant la fin de juin 1887.

BERTHELOT.

INSTRUCTION GÉNÉRALE

pour la préparation de l'exposition de l'enseignement primaire public (classe VI) à l'Exposition universelle de 1889.

————

Paris, le 31 juillet 1887.

Monsieur le Recteur,

Après avoir pris l'avis de la Commission nommée par arrêté en date du 4 avril et chargée de préparer l'exposition de l'enseignement primaire public (classe VI) à l'Exposition universelle de 1889, je vous envoie une Instruction générale fixant les conditions dans lesquelles les divers établissements publics pourront participer avec le Ministère à cette exposition.

Par tous les moyens en notre pouvoir, nous devons nous efforcer de la rendre digne de la grande date avec laquelle elle coïncide. Aussi mon intention est-elle de ne rien négliger pour réunir tous les éléments d'une complète et fidèle représentation de notre enseignement primaire public.

Une première question se posait: Le Ministère absorbera-t-il tout cet enseignement? Se chargera-t-il d'en présenter à lui seul l'ensemble et le détail dans une exposition en quelque sorte officielle et impersonnelle? Ou bien, au contraire, laissera-t-il place aux mérites individuels et aux initiatives locales, mettra-t-il en lumière les établissements, les collectivités et les personnes qui, avec l'État, concourent à la marche de l'enseignement public?

Sur l'avis unanime de la Commission, j'ai tranché cette question sans hésiter dans le sens qui me paraît à la fois le plus conforme à la réalité et le mieux en harmonie avec l'esprit du Gouvernement républicain.

Il y aura dans la classe VI une vaste section de l'enseignement primaire public, placée sous les auspices du Ministère, mais largement ouverte à tous ceux qui, coopérant à l'œuvre de l'éducation nationale, voudront aussi coopérer à la représentation de cet important service public.

En conséquence, et après m'être entendu à ce sujet avec mon collègue M. le Ministre du Commerce, j'ai décidé qu'outre l'exposition proprement dite du Ministère, cette section comprendrait toutes celles des établissements et des autorités locales qui demanderont à se grouper sous le patronage du Ministère pour former un tableau d'ensemble de l'organisation de l'intruction publique en France. Ces principes présideront aux diverses classes de l'exposition auxquelles mon administration prendra part. Je ne parlerai ici que de leur application à la classe VI.

I

DISPOSITIONS GÉNÉRALES.

Exposants. — Sont considérés comme exposants de l'enseignement primaire public :

I. Le Ministère de l'Instruction publique;

II. Les exposants qui demanderont à se placer sous les auspices du Ministère, mais en conservant leur inscription au catalogue et leurs droits éventuels aux récompenses du jury, savoir :

1° Les écoles publiques de tous degrés se rattachant à l'enseignement primaire (écoles maternelles, primaires élémentaires, supérieures ou professionnelles, normales, normales supérieures, etc.);

2° Les communes;

3° Les départements;

4° Les membres du corps enseignant, de l'inspection primaire et de l'inspection académique.

Conditions d'admission. — L'exposition spéciale du Ministère de l'Instruction publique sera préparée, organisée et installée par les soins de la Commission nommée à cet effet par l'arrêté du 4 avril 1887.

Pour les expositions individuelles énumérées aux articles 2, 3, 4 et 5 du tableau qui précède, tous les objets dont l'admission sera demandée devront être soumis à l'examen de la Commission précitée. Cette même Commission déterminera les emplacements qui pourront être concédés à chacun des exposants placés sous les auspices du Ministère, ainsi que les conditions générales d'installation auxquelles ils devront se conformer. L'emplacement leur sera accordé gratuitement.

Les prix de transport à l'aller et au retour, la participation éventuelle aux frais de construction de vitrines spéciales, etc., feront l'objet d'un règlement ultérieur qui sera notifié aux intéressés en temps utile.

Division générale de l'exposition de l'enseignement primaire public. — L'exposition comprendra sept sections, savoir :

1re SECTION : Enseignement du premier âge : jardins d'enfants, écoles maternelles ;

2e SECTION : Enseignement primaire élémentaire : écoles primaires élémentaires et classes enfantines ;

3e SECTION : Enseignement primaire supérieur : cours complémentaires, Écoles primaires supérieures ;

4e SECTION : Enseignement professionnel : Écoles professionnelles, écoles manuelles d'apprentissage ; écoles nationales ;

5e SECTION : Écoles normales avec leurs écoles annexes et Écoles normales supérieures d'enseignement primaire ;

6e SECTION : Institutions auxiliaires : cours d'adultes, caisses d'épargne scolaires, bibliothèques ;

7e SECTION : Enseignement des sourds-muets, des aveugles.

Tout exposant devra faire connaître la section ou les sections auxquelles il destine les objets dont il demande l'admission.

Un même exposant peut figurer dans ces diverses sections ; mais, quel que soit le nombre de ses expositions partielles, elles ne lui donneront droit qu'à un seul numéro d'inscription au catalogue et à une seule récompense.

Nature des objets exposés. — Dans chacune des sept sections que je viens d'énumérer, l'exposition pourra porter sur trois grands objets. Elle peut avoir pour but : ou bien de représenter l'installation matérielle des établissements et des services scolaires dans leur ensemble ou dans leurs détails ; ou bien de faire apprécier les méthodes et les procédés d'enseignement et d'éducation ; ou enfin de présenter les résultats mêmes de cet enseignement et de cette éducation sous la forme de travaux scolaires et de spécimens du savoir acquis par les élèves.

II

DISPOSITIONS SPÉCIALES AUX DIVERSES EXPOSITIONS.

En abordant la seconde partie de ces instructions, celle qui concerne le choix et le classement des objets dont se composera chacune des expositions de la classe VI, il importe, Monsieur le Recteur, que je précise le but qu'a poursuivi la Commission. Il s'agit ici non pas de provoquer l'envoi des divers objets dont l'énumération va suivre, mais de mettre tous les intéressés en mesure de faire cet envoi quand le moment sera venu.

Parmi les objets scolaires à exposer, il en est qui devront tout leur mérite à la spontanéité de leur production ; d'autres, au contraire, exigeront un long travail préparatoire, des recherches, des soins spéciaux, des correspondances. Il fallait faire connaître à l'avance les conditions dans lesquelles ces derniers pourront être acceptés afin que, sous votre haute direction, toutes les bonnes volontés puissent se mettre immédiatement à l'œuvre.

C'est la pensée qui a inspiré la Commission. Elle a voulu guider les inspecteurs et les instituteurs dans la préparation de la plupart des travaux destinés à l'Exposition.

Voici, pour chacun des cinq ordres d'exposants reconnus plus haut, l'indication sommaire des parties essentielles dont pourra se composer chaque exposition.

I. — **Ministère de l'Instruction publique.** — L'exposition du Ministère comprendra :

1° Les collections des lois, règlements et actes administratifs intéressant l'enseignement primaire public ;

2° Les documents relatifs à l'organisation de l'Administration centrale, du Conseil supérieur de l'Instruction publique, des commissions consultatives;

3° Les programmes édictés après avis du Conseil supérieur;

4° La statistique de l'enseignement primaire;

5° Les budgets;

6° Des collections de rapports d'inspection générale, de rapports d'inspecteurs d'Académie et d'inspecteurs primaires;

7° Les catalogues des bibliothèques scolaires, populaires et pédagogiques;

8° Les listes des livres classiques adoptés par les conférences d'instituteurs;

9° Des collections du *Bulletin administratif* et de la *Revue pédagogique;*

10° Des documents sur l'organisation du Musée pédagogique : publications, catalogues, spécimens de matériel, livres et collections faites par l'État, etc.

II. — Écoles publiques de tout degré se rattachant à l'enseignement primaire. — Ici le nombre et la variété des objets d'exposition nécessiteront des subdivisions d'après les deux points de vue indiqués plus haut : répartition en sept catégories d'écoles, et répartition en trois ordres de matières : *installation, méthodes, résultats.*

On peut résumer sous ces trois chefs les recommandations de la Commission dans les termes suivants :

I. — Installation matérielle.

L'installation matérielle à l'Exposition universelle de 1889 comprendra, dans chacune des catégories d'écoles, les constructions scolaires proprement dites, le mobilier usuel et scolaire, le mobilier d'enseignement.

Les constructions scolaires pourront être représentées :

1° Par des plans d'ensemble à l'échelle de 5 millimètres par mètre, sans toutefois dépasser le format demi-grand aigle;

2° Par des vues d'ensemble à vol d'oiseau, sans dépasser le même format demi-grand aigle;

3° Par des détails de plans, façades ou coupes à l'échelle de 1 centimètre, sans dépasser le format grand aigle;

· 4° Par des dessins, photographies ou modèles en relief des parties les plus intéressantes de l'installation des différents services ; les dessins et photographies à des échelles variables, mais sans dépasser le format demi-grand aigle; les modèles en relief au dixième d'exécution;

5° S'il y a lieu, et principalement pour les grands groupes scolaires des villes importantes, pour les écoles primaires supérieures, les écoles normales et les écoles professionnelles ou d'apprentissage, par une monographie architecturale [1] avec liberté entière pour l'échelle et les dimensions des dessins. On pourra y joindre les publications et notices relatives aux bâtiments scolaires, aux détails des constructions, systèmes d'aération, de chauffage, de ventilation, etc., ceci admis sans condition de format.

Dans les trois premières catégories, les dessins seront surtout exposés dans les cartons ou sur des meubles spéciaux, tournants ou autres; dans les deux autres catégories et sauf pour les modèles en relief qui constituent ce que l'on peut appeler des plans sur table, les dessins et photographies seront, autant que possible, exposés sur les surfaces murales.

Les dessins et modèles seront exécutés soit par les architectes, soit encore par les élèves ou les maîtres, d'après un relevé sur place; mais, dans ce dernier cas, sous la surveillance de l'architecte qui devra en certifier l'exactitude.

Il sera fait, en temps opportun, par MM. les Recteurs et Inspecteurs d'Académie, un choix des écoles dont l'installation matérielle serait susceptible de recevoir les honneurs de l'exposition. La liste de ces écoles me sera soumise, et je chargerai la Commission (ou plutôt une sous-commission technique prise dans son sein) de désigner définitivement celles qu'il y aura lieu d'admettre.

La même remarque s'applique au mobilier usuel et scolaire,

---

[1] Dessin représentant un seul bâtiment dans toutes ses parties.

ainsi qu'au matériel didactique et à l'outillage de l'enseignement. MM. les Inspecteurs d'Académie seront invités à signaler à l'avance à la Commission, avec croquis cotés à l'appui, ceux qu'ils croiraient particulièrement dignes d'attention; les objets qui pourraient figurer en nature ne seraient désignés que lorsque la Commission serait fixée sur les conditions d'espace et de crédit dont dispose l'Administration.

II. — Méthodes et procédés d'éducation et d'enseignement.

Les écoles des divers ordres [1] sont appelées à exposer particulièrement, sous ce titre, les objets suivants :

1° Spécimens de journaux de classe ou de cahiers de préparation de leçons journalières; spécimens de carnets de correspondance avec les familles; de registres d'appel accompagnés de notes sur les moyens les plus efficaces que la pratique enseigne pour obtenir l'assiduité; diagrammes et statistiques montrant, par région, le degré de l'assiduité annuelle et mensuelle;

2° Spécimens d'images, bons points et autres récompenses;

3° Statuts des associations en vue de la bienfaisance, de la bonne camaraderie qui peuvent exercer sur le caractère des enfants une heureuse influence;

4° Statuts des sociétés scolaires protectrices des animaux utiles;

5° Documents relatifs aux caisses d'épargne scolaires;

6° Notices sur l'organisation des jeux dans les écoles et notices sur l'organisation disciplinaire;

7° Documents relatifs aux promenades, voyages scolaires, colonies de vacances;

8° Ouvrages et livres scolaires employés dans l'école.

III. — Résultats : Spécimens collectifs et individuels du travail des maîtres et des élèves.

Cette section est celle où la Commission organisatrice de

---

[1] Groupées par départements ou individuellement.

l'Exposition se réservera l'action la plus directe. Elle se propose de donner en temps utile des directions pratiques aux établissements exposants, en vue de grouper en quelque sorte dans des tableaux d'ensemble de la vie scolaire les documents propres à faire apprécier les progrès réalisés, la valeur, l'étendue et la solidité des connaissances acquises, non pas dans une élite d'élèves habilement triés, mais dans la masse de la population scolaire, aux divers âges et à ses divers degrés d'instruction.

Pour les travaux d'élèves, la Commission m'a proposé de prendre une décision dont je ne me dissimule pas la gravité, mais qui m'a paru, comme à la Commission elle-même, le seul moyen de couper court à des abus fréquemment constatés dans les expositions antérieures. J'ai décidé que l'Exposition de 1889 n'admettra, sous aucun prétexte, les collections de cahiers de devoirs, de dessins, de cartes, et généralement de travaux d'élèves préparés en vue de l'Exposition. Si les séries de devoirs écrits et de spécimens du travail ordinaire de la classe sont reconnues nécessaires et doivent trouver place dans les vitrines du Champ-de-Mars, la Commission se réserve d'indiquer plus tard sous quelle forme et dans quelles conditions ces séries devront être recueillies en temps opportun.

III. — Communes. — L'exposition des communes peut porter sur les points suivants :

Organisation matérielle des écoles; installation des services scolaires municipaux; des caisses des écoles; de l'inspection médicale; des cantines scolaires et, en général, de tout ce qui relève de l'autorité communale.

IV. — Départements. — Les expositions départementales devront porter spécialement sur l'organisation des services qui relèvent de l'autorité départementale, et surtout de ceux qui sont créés et entretenus à l'aide de dépenses facultatives votées et contrôlées par les conseils généraux. On pourra y faire utilement figurer en outre :

1° Des collections des rapports annuels des inspecteurs d'Académie au Conseil général depuis 1878;

2° Des collections des bulletins départementaux des deux dernières années;

3° Des règlements scolaires départementaux et locaux approuvés par l'Inspecteur d'Académie.

V. — Membres du corps enseignant et de l'administration académique. — Travaux personnels relatifs à l'enseignement (mémoires, documents pédagogiques, appareils et ouvrages relatifs aux divers enseignements ou à l'administration scolaire [rapports, statistiques, règlements, etc.]).

Les plus intéressants des travaux des maîtres seront sans contredit les monographies des écoles. L'historique de l'établissement, son fonctionnement actuel, les résultats qu'il atteint, son influence sur le milieu où il se trouve placé, sont le cadre naturellement tracé de ces études. Il est facile d'indiquer d'autres divisions très importantes; par exemple, les rapports entre les directeurs et les adjoints; les moyens qu'ils emploient pour mettre de l'unité dans leur action; les rapports que les maîtres ou maîtresses conservent avec leurs élèves après leur sortie définitive de l'école; l'influence qu'ils continuent à exercer sur eux; les relations du personnel avec les parents des élèves, avec les municipalités, avec les comités de patronage, quand il y a lieu.

Quant aux notices ou mémoires pédagogiques, il conviendra d'admettre surtout ceux qui auraient trait à des points spéciaux de la discipline, de la tenue matérielle de la classe, des méthodes proprement dites d'enseignement et d'éducation. En tout cas, ceux qui ne rouleront pas sur la méthode en général pourront être subdivisés en autant de fascicules séparés qu'ils traiteront de questions distinctes, afin de faciliter au jury la comparaison des solutions proposées sur le même sujet. Ces mémoires auront un format identique (31 centimètres sur 21 centimètres, avec deux marges de 4 et 2 centimètres); même format pour les couvertures mobiles où ils seraient renfermés.

Les procès-verbaux des conférences pédagogiques cantonales, la liste des livres adoptés par ces conférences, les mémoires originaux qui y ont été lus et discutés, leurs avis sur des points de doctrine ou de pratique scolaire pourront aussi trouver place dans cette exposition, soit à titre individuel, soit à titre collectif.

Les règles que je viens de tracer, d'accord avec la Commission, fixent les lignes principales du plan d'organisation de notre exposition de l'enseignement primaire public.

Pour qu'il vous soit plus facile, Monsieur le Recteur, de faire connaître ce plan à tous les chefs d'établissements appelés à y prendre part, je vous enverrai un certain nombre d'exemplaires de la présente circulaire et des documents annexés, que j'ai cru utile d'y faire joindre (procès-verbaux de la Commission, rapports des sections, projets de questionnaires, etc.). Je vous prie, Monsieur le Recteur, d'inviter les fonctionnaires placés sous vos ordres à prendre dès maintenant les dispositions nécessaires, soit pour rassembler les matériaux et documents, soit pour être en état de répondre à l'appel de la Commission d'organisation quand le moment sera venu.

Recevez, Monsieur le Recteur, l'assurance de ma considération très distinguée.

Le Ministre de l'Instruction publique, des Cultes
et des Beaux-Arts,

E. SPULLER.

ANNEXES.

N. B. Cette partie du fascicule contient, à titre de renseignement,
les procès-verbaux, rapports et autres documents qui ont paru propres
à servir de guide aux exposants dans la préparation de leurs travaux, sur
tous les points où il n'y a pas contradiction entre les vœux primitivement
exprimés par les sous-commissions, et les règles posées par l'Instruction
ministérielle qui précède.

RAPPORT

DU COMITÉ DES PRÉSIDENTS ET RAPPORTEURS

ET

PROCÈS-VERBAUX DES SÉANCES GÉNÉRALES.

RAPPORT

du Comité des présidents et rapporteurs à la Commission plénière.

Du 27 juin 1887.

Le Comité des présidents et rapporteurs de vos six sous-commissions a l'honneur de vous présenter le résultat de ses travaux.

Vous l'aviez chargé de condenser et d'unifier les propositions de vos six sous-commissions en vue de fournir au Ministère les éléments d'une instruction générale pour la préparation de l'exposition de l'enseignement primaire public à l'Exposition universelle de 1889.

Les divergences des opinions émises par les diverses sous-commissions étaient en somme plus apparentes que réelles.

Si l'on essaye de faire le dépouillement des travaux qui vous ont été présentés, on voit qu'ils contiennent : 1° des vœux relatifs à l'exposition de l'Administration centrale; 2° des directions et instructions relatives aux objets qui devront être préparés et envoyés pour figurer dans les espaces réservés par le Ministère à ses coexposants.

Parmi les vœux exprimés par les sous-commissions, quelques-uns peuvent être laissés de côté parce qu'ils supposaient l'exposition officielle qu'un vote décisif a écartée; les autres, énumérés plus loin, gardent leur valeur entière et seront sans doute examinés avec soin par l'Administration quand elle s'occupera d'organiser son exposition proprement dite.

Mais la chose urgente actuellement est la rédaction des instructions qui peuvent faciliter la préparation des objets destinés à la section scolaire, laquelle n'aura, si l'on peut dire, qu'un caractère semi-officiel, bien qu'elle soit organisée sous les auspices du Ministère. Ici encore, quelques-unes des directions et instructions contenues dans les travaux que nous avions à reviser ne pouvaient être maintenues sans modifications, parce qu'elles étaient en contradiction évidente avec le principe qui a été adopté à la dernière séance, le principe de *l'exposition individuelle accordée aux écoles.*

Si nous nous bornons aux indications qui peuvent se concilier avec les décisions de la Commission plénière (et c'est heureusement la majeure partie), nous voyons qu'en somme on peut dresser comme suit la nomenclature des choses demandées ou plutôt recommandées comme admissibles par les sous-commissions et qui devront être réparties dans les trois groupes distincts de *l'installation matérielle*, des *méthodes et procédés d'éducation et d'enseignement*, enfin des *travaux d'élèves*.

I

INSTALLATION MATÉRIELLE.

Toutes les sous-commissions sont d'avis d'admettre des représentations : 1° d'ensemble; 2° de détail de bâtiments et locaux au moyen soit de reliefs, soit de plans d'architecte (coupes, façades, plans, vues à vol d'oiseau), soit de dessins faits par des maîtres ou des élèves sous la surveillance de l'architecte de l'établissement scolaire, soit enfin au moyen de photographies.

Comme il importe d'être très précis sous ce rapport, nous établirons que l'installation matérielle à l'Exposition universelle de 1889 comprendra dans *chacune des catégories d'écoles :*

1° Les constructions scolaires proprement dites ;

2° Le mobilier usuel et scolaire ;

3° Le matériel d'enseignement.

Les constructions scolaires pourront être représentées :

1° Par des plans d'ensemble à l'échelle de 5 millimètres, sans toutefois dépasser le format demi-grand aigle ;

2° Par des vues d'ensemble à vol d'oiseau, sans dépasser le même format demi-grand aigle ;

3° Par des détails de plans, façades ou coupes à l'échelle de 1 centimètre, sans dépasser le format grand aigle ;

4° Par des dessins, photographies ou modèles en relief des parties les plus intéressantes de l'installation des différents services; les dessins et photographies à des échelles variables, mais sans dépasser le format demi-grand aigle; les modèles en relief, au dixième d'exécution ;

5° S'il y a lieu, et principalement pour les grands groupes scolaires des villes importantes, pour les écoles primaires supérieures, les écoles normales et les écoles professionnelles ou d'apprentissage, par une monographie architecturale avec liberté entière pour l'échelle et les dimensions des dessins. On pourra y joindre les publications et notices relatives aux bâtiments scolaires, aux détails de construction, systèmes d'aération, de chauffage, de ventilation, etc., ceci admis sans condition de format.

Dans les trois premières catégories, les dessins seront surtout exposés dans des cartons, ou sur des meubles spéciaux, tournants ou autres; dans les deux autres catégories et sauf pour les modèles en relief qui constituent ce que l'on peut appeler des plans sur table, les dessins et photographies seront autant que possible exposés sur des surfaces murales.

Les dessins et modèles seront exécutés soit par les architectes, soit encore par les élèves ou les maîtres, d'après un relevé sur place ; mais, dans ce dernier cas, sous la surveillance de l'architecte, qui devra en certifier l'exactitude [1].

Pour le mobilier usuel et scolaire, nous avons généralisé le vœu de certaines sous-commissions qui était de demander à MM. les Inspecteurs d'Académie de signaler à l'avance à la Commission, avec croquis cotés à l'appui, les objets qu'ils croiraient particulièrement dignes d'attention; les objets qui pourraient figurer en nature ne seraient désignés que lorsque la Commission serait fixée sur les conditions d'espace et de crédit dont disposera l'Administration.

Même recommandation pour le matériel didactique et l'outillage de l'enseignement que nous avons détaillé dans les instructions à propos de chacune des six sections.

Voilà, pour le premier ordre d'objets (installation matérielle), les intéressés déjà en mesure de commencer à s'orienter en prévision de l'Exposition de 1889.

II

Ici, qu'admettra-t-on ou mieux que peut-on espérer recevoir? Plusieurs sous-commissions semblent craindre plutôt le danger de pénurie que celui d'encombrement. Les méthodes sont déjà en partie indiquées par les règlements, décrets, arrêtés et délibérations du Conseil supérieur. En effet, ces documents seront exposés par l'Admi-

---

[1] Ces instructions devant, non pas provoquer l'envoi des objets, mais permettre de préparer cet envoi, un choix sera fait, par MM. les Recteurs et Inspecteurs d'Académie, des écoles dont l'installation matérielle serait susceptible de recevoir les honneurs de l'exposition; une liste en sera dressée, donnant pour chaque école le nombre, le format et les dimensions des dessins ou des modèles. La Commission pourra, d'après cette liste, apprécier l'importance des envois et déclarer s'il y a lieu d'y donner suite. — Des instructions ultérieures donneront toutes les dispositions de détail (cadres, titres, etc.) auxquelles il y aura lieu de se conformer lors de la présentation des dessins ou modèles.

nistration centrale en double exemplaire probablement, savoir: d'abord en totalité, ensuite en détail pour chaque catégorie d'études.

Mais il y a lieu aussi d'inviter les autorités académiques et enfin le personnel enseignant à montrer la part qui leur revient dans l'application efficace des programmes et les procédés particuliers auxquels des maîtres expérimentés attribuent en partie les bons résultats qu'ils obtiennent.

Aux propositions des sous-commissions qui demandaient, les unes de faire remplir par tous les membres du corps enseignant un questionnaire détaillé relatif aux méthodes employées, les autres de se borner à exposer des horaires ou emplois du temps avec des *notices ou mémoires pédagogiques* rédigés par les instituteurs et institutrices et les professeurs d'écoles professionnelles et d'écoles normales, nous avons ajouté comme admissibles et désirables les objets suivants :

1° Collection des rapports annuels des Inspecteurs d'Académie au Conseil général depuis 1878;

2° Collection des bulletins départementaux des deux dernières années;

3° Spécimens des rapports d'inspecteurs primaires, imprimés ou manuscrits;

4° Les règlements scolaires départementaux et locaux approuvés par l'Inspecteur d'Académie;

5° Les conclusions des conférences pédagogiques cantonales, si possible classées par ordre de sujets, ou accompagnées d'un répertoire alphabétique par département;

6° Des spécimens de journal de classe ou de cahiers de préparation de leçons journalières; des spécimens de carnets de correspondance avec les familles; des registres d'appel accompagnés de notes sur les moyens les plus efficaces que la pratique enseigne pour obtenir l'assiduité; des diagrammes et statistiques montrant, par région, le degré de l'assiduité annuelle et mensuelle;

7° Des spécimens des images, bons points et autres récompenses;

8° Les statuts des associations en vue de la bienfaisance, de la bonne camaraderie, protectrices des animaux utiles et autres sociétés scolaires qui peuvent exercer sur le caractère des enfants une heureuse influence;

9° Des documents relatifs aux promenades, voyages scolaires, colonies de vacances;

10° Des documents relatifs aux caisses d'égargne scolaires;

11° Des notices sur l'organisation des jeux dans les écoles et des notices sur l'organisation disciplinaire;

12° Enfin les ouvrages, livres scolaires dont l'éditeur réside dans le département et qui ont été admis par la commission départementale et, pour chaque département, la liste des livres admis par cette commission.

Quant aux *notices* ou *mémoires pédagogiques*, il ressort des avis de plusieurs sous-commissions qu'il y aurait lieu d'admettre surtout ceux qui auraient trait à des points spéciaux de la discipline, de la tenue matérielle de la classe, des méthodes proprement dites d'enseignement et d'éducation. En tout cas, ceux qui ne rouleront pas sur la méthode en général pourront être subdivisés en autant de fascicules séparés qu'ils traiteront de questions distinctes, afin de faciliter au jury la comparaison des solutions proposées sur le même sujet. On propose l'adoption d'un format identique pour ces mémoires (31^c sur 21^c avec deux marges de 4^m et 2^c) et pour les couvertures mobiles où ils seraient enfermés.

Reste le questionnaire recommandé par trois sous-commissions à propos duquel les avis avaient paru très partagés en séance plénière. Puisqu'il ne s'agit point de le faire remplir immédiatement, on pourrait remettre à plus tard de décider s'il y a lieu de l'abandonner ou de le maintenir. La décision sur ce point n'est pas urgente et il y a tout au plus à faire figurer ce questionnaire pour mémoire dans les instructions qui nous sont demandées immédiatement pour faciliter l'exposition scolaire. Nous proposons de le renvoyer à titre de vœu à l'Administration [1].

Les autres points énumérés ci-dessus suffisent déjà pour permettre à tous ceux qui songent à exposer de commencer dès à présent, s'ils le veulent, à choisir ou à préparer les documeuts qui constitueront l'exposition des méthodes.

III

TRAVAUX D'ÉLÈVES.

En vue de maintenir l'ordre habituel dans le cours des études et dans les exercices de classe aux approches de l'Exposition et durant

---

[1] Après longue discussion, on conclut à l'adoption des propositions du Comité. Le vœu général semble être qu'il n'y aura pas de questionnaire proprement dit.
On pourrait scruter les questionnaires imprimés et en tirer de nouvelles demandes aux instituteurs sous la forme adoptée pour les 12 propositions ci-dessus.

le cours de l'année scolaire 1887-1888, le Comité vous propose la rédaction suivante qui lui a paru de nature à détourner les élèves et les maîtres de préparations exclusives qui ne pourraient se faire qu'au grand préjudice des études ordinaires :

« Les cahiers de devoirs et autres travaux d'élèves spécialement préparés en vue de l'Exposition ne seront pas admis par la Commission. Elle se réserve d'indiquer, plus tard, sous quelle forme ces cahiers et travaux pourront être présentés. »

PROCÈS-VERBAUX
des séances de la Commission chargée de préparer l'Exposition de l'enseignement primaire public.

I
SÉANCE DU 26 MAI 1887.

Le 26 mai 1887, la Commission chargée de préparer l'exposition de l'enseignement primaire public devant faire partie de la classe VI de l'Exposition universelle de 1889 s'est réunie au Ministère de l'Instruction publique, sous la présidence de M. Gréard, membre de l'Institut, vice-recteur de l'Académie de Paris.

Étaient présents : MM. Buisson, directeur de l'enseignement primaire, *vice-président;* Bainier, Bonnet-Maury, Bouyard, Brouard, B. Buisson, Durand, Chipiez, Jacoulet, Martel, de Montmahou, Narjoux, Pécaut, Pillet, Salicis, Trélat, Vapereau, Vaudoyer; Mmes Bonnefon, Bourguet, Chégaray, Escali, Bignon, Ferrand, Fontes, de la Forge, de Friedberg, de Kergomard, Malmanche, Schéfer; MM. Armagnac, Boniface, E. Cadet, Petit, Turlin, Zidler, Pinet, Schmit, Messin, et Maillé, *secrétaire.*

M. le Président donne lecture de l'arrêté ministériel du 4 avril 1887 qui institue la Commission et remet à M. le Directeur de l'enseignement primaire le soin d'indiquer à l'assemblée la marche qu'elle aurait à suivre dans ses travaux pour répondre aux instructions des articles 2 et 3 dudit arrêté.

Il s'agit en premier lieu, dit M. le Directeur de l'enseignement primaire, de rédiger l'instruction spéciale qui doit être adressée à tous les chefs d'établissement pour l'organisation de l'exposition. Le Ministère a jeté les premières bases de ce travail dans les articles 2 et 3 de l'arrêté du 4 avril, en établissant une juste corrélation entre les six sections de l'enseignement primaire public et les divisions du plan d'organisation arrêté par le règlement général de l'Exposition universelle.

Il fallait cette unité de vues, d'abord pour conserver, au milieu de tant de parties diverses, un ensemble nécessaire; pour permettre ensuite d'arriver à une classification rationnelle qui consiste à distinguer les divers ordres d'enseignement primaire, à les tenir séparés et à rapprocher cependant les objets similaires qui les représentent.

En recherchant comment l'enseignement primaire, représenté par le Ministère de l'Instruction publique, occupera sa place dans la classe VI, la Commission doit donc se souvenir qu'il y a six ordres distincts d'enseignement primaire caractérisés par les six sections énumérées à l'article 3; que, dans chacun de ces ordres, il y a toujours lieu de se préoccuper de trois choses :

1° De l'installation matérielle;

2° Des méthodes et des procédés d'enseignement;

3° Des résultats obtenus.

L'arrangement méthodique des objets d'exposition, suivant l'ordre qu i vient d'être indiqué, doit permettre à tout visiteur de parcourir la série entière de l'enseignement primaire public avec le moins de déplacement possible, et sans éprouver le plus petit embarras pour se rendre compte de la nature et du genre de l'établissement qu'il a devant les yeux, de son lieu d'origine, de son installation, de ce qu'on y fait et des procédés qu'on y emploie, des résultats qu'on y obtient.

En s'en tenant à ces principes, la Commission aurait comme une vue d'ensemble de ses travaux et se donnerait une règle générale qui lui permettrait d'établir facilement ensuite l'ordre successif et les détails de ses opérations. Il lui resterait enfin à déterminer la nature, la qualité et la quantité des produits qu'il conviendrait d'exposer et à donner aux chefs d'établissement, avec ses instructions, ses directions et ses conseils.

M. le Président invite les membres de l'assemblée à donner leur avis sur l'exposé qui vient d'être fait.

M. Bouvard demande si le Ministère de l'Instruction publique doit être seul exposant ou s'il convient de laisser aux villes, aux départements et aux particuliers leur individualité propre, le droit d'exposer à leur corps défendant; en un mot, si les personnes et les collectivités seront ou non exposants individuels susceptibles de recevoir des récompenses.

M. le Directeur de l'enseignement primaire répond qu'en parlant de *l'exposition du Ministère de l'Instruction publique*, il n'a nullement entendu préjuger la question. Il la laisse au contraire subsister tout entière. La Commission peut être appelée à s'en occuper et à formuler son avis.

M. le Président fait remarquer que la Commission elle-même n'a peut-être pas toute la compétence nécessaire pour décider sur un point aussi délicat. L'enseignement supérieur et l'enseignement secondaire y ont aussi leur intérêt. A quelle résolution vont-ils s'arrêter? Déjà la question a été agitée ailleurs. La Commission peut en conférer dès à présent, mais sans prendre une résolution ferme.

MM. Salicis, de Montmahou, B. Buisson, Pillet, Pinet prennent tour à tour la parole et font ressortir, les uns les avantages, les autres les inconvénients attachés aux deux modes de procéder.

Dans le premier système, le Ministère semble tout absorber; mais il ne retient pas toutes les récompenses; il plaide la cause de ses collaborateurs et les met en relief; il les associe au succès général. Le second système exciterait une plus grande émulation; chacun sentirait mieux le prix de ses efforts et serait plus décidé à les continuer.

M. le Président fixe d'une manière précise le point de la discussion en établissant qu'on se trouve en présence des trois systèmes suivants :

Ou le Ministère expose seul, au nom de tous, absorbant tout;

Ou le Ministère se charge de la représentation générale, mais en laissant à chacun sa part de responsabilité;

Ou enfin on fait une exposition double : d'un côté, le Ministère se représente lui-même et donne un spécimen de l'état scolaire de la France à un moment déterminé; de l'autre, chacun expose à son corps défendant et d'une manière indépendante, par départements, par villes, par établissements ou individus.

C'est sur le choix de l'un de ces trois modes que la discussion de la Commission peut utilement s'engager.

M. Brouard ouvre le débat en faisant remarquer que dans le troisième système, le Ministère se laisserait tout enlever, chaque individualité cherchant à retenir pour son exposition particulière ce qu'elle aurait de plus précieux.

M. Bouvard parle dans le même sens et croit pouvoir affirmer que déjà certaines villes songent à leur exposition propre et se préparent à retenir, pour elles-mêmes, le meilleur de leurs produits. Le Ministère se trouverait frustré dans ses espérances.

M. B. Buisson pense qu'il y a là peut-être surtout une question de catalogue. Le Ministère peut réclamer ce qu'il désire pour son exposition et cataloguer les noms des personnes qui envoient. Si donc au catalogue figurent des exposants individuels, municipalités, architectes, instituteurs, ces exposants, tout en restant unis à l'exposition officielle du Ministère, auraient droit aux récompenses du jury.

D'autres membres inclinent en faveur du troisième mode.

Sans se prononcer, au moins quant à présent, en faveur d'aucun système, M. le Président examine l'état des choses dans le cas d'une exposition double, d'une exposition innommée, comme il a été dit, de la part du Ministère. Dans ce cas, notre enseignement public serait exposé par le Ministère dans tous ses degrés et sous toutes ses formes. On aurait là l'état vrai de la situation scolaire dans sa généralité avec ses moyens matériels, ses méthodes, ses résultats, c'est-à-dire la conception la plus large et la plus complète d'une exposition. Là serait, sous des apparences modestes, le véritable état de la situation de notre enseignement. A côté, se trouveraient les individualités avec leur étiquette, leurs banderoles, leur éclat extérieur capable de séduire la foule parce qu'elle se contente de regarder à la surface. Mais pour le penseur, pour le chercheur, le véritable intérêt serait dans l'exposition du Ministère.

M. Jacoulet fait observer que le Ministère pourrait bien organiser ainsi l'exposition des écoles fondamentales, écoles maternelles, écoles primaires; mais arrivé aux écoles supérieures, aux écoles normales, comment procéderait-il ? Deux expositions distinctes n'affaibliraient-elles pas la représentation de ces établissements ?

M. le Président pense que les écoles normales primaires et supérieures tiennent de trop près à l'État pour qu'il soit possible de les en détacher au moment de l'Exposition.

L'opinion exprimée de la plupart des membres de la Commission amène M. le Président à dire que le premier système d'exposition pourrait être écarté, personne ne paraissant l'admettre.

M. F. Pécaut a des scrupules à ce sujet et il tient à les faire connaître. Il ne comprend pas qu'il puisse se trouver dans les divers ordres de l'enseignement public des écoles ou des instituteurs qui prétendent faire groupe à part du Ministère. Aucun directeur, aucun chef d'établissement public ne saurait, à bon droit, demander une récompense pour lui seul. La grande part de succès d'une école dépend de l'installation, des programmes, des inspections, des instructions parties de l'Administration centrale, du Ministère. Les prétentions d'une individualité à une récompense personnelle ne sont donc pas fondées, pas plus que celles d'une ville ou d'un département. Est-ce le département qui a assuré le succès de l'école ? La récompense individuelle ne serait donc qu'un trompe-l'œil.

— Alors, dit M. le Président, M. Pécaut serait pour l'exposition absorbante.

— Oui ; mais avec cette condition, fort naturelle du reste, que le Ministère tiendrait compte à chacun des efforts qu'il aurait faits pour assurer le succès.

Mme de Kergomard dit à ce sujet qu'on a beau faire de bons programmes, donner les meilleures instructions, on est obligé d'en revenir toujours à cette vérité : tant vaut l'instituteur, tant vaut l'école. On constate ce fait partout et à tous les instants. Il semble donc que la récompense individuelle est légitime.

Après cet échange de vues et d'observations, la question reste indécise. Elle pourra être reprise dans une autre séance plénière, quand les opinions auront été mûries et qu'il y aura eu échange de vues dans les sous-commissions.

Il ne s'agit plus que de former ces sous-commissions afin qu'elles puissent préparer les éléments de l'instruction spéciale qui doit être publiée avant la fin de juin.

Après discussion, l'assemblée décide qu'il y aura six sous-commissions composées comme suit :

1re Section : MM. Brouard, Templier, Pinet, Trélat, Vaudoyer, Vessiot, Mmes Bourguet, de Kergomard, Dillon et de la Forge, M. Zidler.

2e Section : MM. Brouard, B. Buisson, Colin, Marcel Lambert, Narjoux, Templier, Trélat, Vapereau, Mmes Escali, Fontes, de Friedberg, de Kergomard, Mlle Bonnefon, MM. Turlin, Pinet, Messin, Maillé.

3e Section : MM. de Montmahou, Bainier, Bouvard, Carré, Durand, Hément, Jost, Mmes Chégaray, Bignon, Schéfer, Marchef-Girard, MM. Armagnac, Messin, Maillé.

4e Section : MM. Bouvard, Chipiez, Marcel Lambert, de Montmahou, Pillet, Salicis, Vaudoyer, Narjoux, Mmes Ferrand, de la Forge, Malmanche, Bignon, Chégaray, Marchef-Girard, Schéfer, M. Petit.

5e Section : MM. B. Buisson, Jacoulet, Leyssenne, Martel, Pillet, Chipiez, Clerc, Lenient, Pécaut, Salicis, Vapereau, Mmes Bourguet, de Friedberg, Melouzay, Bonnefon, Ferrand, Fontes, M. Boniface.

6e Section : MM. Bonet-Maury, Colin, Martel, Durand, Guillaume,

Lenient, Levasseur, Mlle Malmanche, MM. Hément, Pécaut, Schmit, E. Cadet, Zidler.

M. le Président propose de fixer au jeudi 16 juin l'époque de la prochaine réunion plénière. Sa proposition est adoptée et la séance est levée.

Le Secrétaire,
MAILLÉ.

II

SÉANCE DU 23 JUIN 1887.

Le 23 juin 1887, la Commission chargée de préparer l'exposition de l'enseignement primaire public devant faire partie de la classe VI de l'Exposition universelle de 1889 s'est réunie au Ministère de l'Instruction publique, sous la présidence de M. Gréard, vice-recteur de l'Académie de Paris.

Étaient présents : MM. Buisson, Bainier, Bonnet-Maury, Bouvard, B. Buisson, Durand, Chipiez, Jacoulet, Guillaume, Martel, de Montmahou, Narjoux, Pécaut, Pillet, Salicis, Trélat, Marcel Lambert, Vapereau, Vaudoyer, Vessiot, Lenient, Jost, Leyssenne, Hément; Mmes Bonnefon, Bourguet, Chégaray, Escali, Bignon, Ferrand, Fontes, de la Forge, Malmanche, Schéfer; MM. Armagnac, Boniface, Cadet, Petit, Turlin, Zidler, Schmitt, Messin, et Maillé, secrétaire.

Le procès-verbal de la dernière séance est lu et adopté.

M. le Président demande au Comité des présidents chargé d'étudier le projet d'instruction générale s'il est en mesure de présenter le travail qui doit faire entrer dans le cadre de cette instruction les vœux exprimés par les six premières sous-commissions.

Il nous a été impossible d'aborder ce sujet, répond M. Vapereau, avant d'avoir résolu la question de principes. Pour que nous puissions reprendre notre travail et le conduire à bonne fin, il faut que la Commission plénière se prononce sur les résolutions prises par la majorité de notre Comité.

Lecture est donnée de ces résolutions. Elles se résument dans le cadre imprimé qui vient d'être distribué. On y trouve cinq catégories d'exposants, savoir : 1° le Ministère de l'Instruction publique, et, sous les auspices du Ministère : 2° les départements ; 3° les communes ; 4° les écoles ; 5° les membres du corps enseignant. Les objets d'exposition sont définis pour chacun de ces exposants, et il est à remarquer que les départements et les communes y figurent pour des expositions d'ensemble de leurs écoles. M. Vapereau pense que la Commission plénière fera un accueil favorable aux propositions du Comité.

M. Jacoulet, qui a voté avec la minorité, demande à expliquer pourquoi il ne se rallie pas à ces propositions. Ce qu'on vous soumet, dit-il, me semble une fiction. De plus, vous ne pouvez aboutir qu'à l'encombrement et à la confusion.

3

L'État enseigne. Les communes et les départements n'interviennent que pour une part minime dans cette œuvre nationale; pourquoi leur donner à l'Exposition une place prépondérante? C'est aller contre la réalité des choses. Le projet se présente bien sur le papier. C'est une belle façade; mais il n'y a rien derrière. En présence de tant d'exposants, que pourrait-il y avoir sinon le chaos, l'embarras et l'impossibilité d'en sortir?

Si vous admettez dans votre exposition officielle les communes et les écoles à titre d'exposants individuels, vous serez infailliblement submergés par la quantité des produits présentés. Tout triage deviendra insuffisant. Ce n'est pas l'inspecteur d'Académie qui arrêtera les villes et les départements. La Commission centrale elle-même sera impuissante devant les exigences des intéressés; elle ne pourra même pas faire de sélection.

Nous demandons, nous, que ce soit l'État qui expose, qui choisisse ce qui lui conviendra par conséquent et qui puisse dire : « Voilà ce que j'ai fait. »

Nous présentons donc à la Commission le contre-projet suivant :

« La Commission,

« Considérant qu'en fait, c'est l'État qui donne et dirige l'enseignement « primaire public à tous les degrés, et qu'étant le représentant responsable « de ce grand service, il en est le seul représentant officiel et attitré;

« Considérant que, pour donner à l'exposition scolaire un caractère « vraiment national, et que, pour mettre dans cette exhibition solennelle « l'ordre et la méthode qui peuvent seuls la rendre intelligible et instruc-« tive, il est nécessaire que l'État, représenté par le Ministre de l'Instruc-« tion publique, fasse converger vers un but unique tous les efforts indivi-« duels, classe et ordonne tous les travaux des maîtres et des écoles qui « relèvent de lui et mette l'unité et la clarté là où l'encombrement et la « confusion ont régné jusqu'ici;

« Considérant qu'il importe nécessairement d'encourager les institutions « particulières et de réserver à chacun le mérite de ses œuvres;

« Considérant, d'autre part, qu'à côté de cette exposition officielle, il « convient de faire une place aux collectivités départementales et commu-« nales qui voudront, à leurs risques et périls et en se conformant aux « règlements généraux de l'Exposition universelle, exposer une représen-« tation d'ensemble de leurs écoles,

« Délibère :

« 1° Le Ministre de l'Instruction publique, représentant l'État enseignant, « organise une exposition scolaire officielle à laquelle sont appelés à con-« courir, suivant des règles à établir, tous les maîtres et toutes les écoles « qui ressortissent à ce Département.

« 2° Chaque exposition particulière admise à figurer, en tout ou en « partie, dans cette exposition générale, conservera son individualité propre « et ses droits éventuels aux récompenses.

« 3° A côté, mais en dehors de l'exposition du Ministère de l'Instruction

«publique, pourront figurer les expositions particulières que les dépar-
« tements et les communes jugeront utiles d'exposer en leur nom et sous
« leur responsabilité.

« 4° M. le Ministre de l'Instruction publique sera prié de vouloir bien
« s'entendre avec M. le Ministre du Commerce pour que les expositions
« particulières soient installées dans la même galerie que l'exposition offi-
« cielle. »

Mᵐᵉ Schéfer et quelques autres membres de l'assemblée appuient le
contre-projet.

M. Vapereau répond à M. Jacoulet. Il n'y a pas de fiction chez nous :
il y a une direction de l'État, mais cette direction générale n'exclut pas
les collectivités qui se développeront librement sous le contrôle de l'État.
Les imperfections qu'on peut trouver dans le projet de la Commission
peuvent tout aussi bien se trouver au contre-projet. Est-ce que le contre-projet
n'organise pas deux expositions parallèles des mêmes choses? Le Ministère
demandera des produits scolaires à Marseille, à Lille, à Bordeaux; mais
il est certain que ces villes tiendront à exposer de leur côté. Pourquoi ces
deux expositions rivales, le Ministère d'un côté, avec le produit des villes;
les villes, de l'autre, avec les produits de même origine? C'est là, évidem-
ment, qu'est la confusion. Dans votre exposition officielle, vous anéantissez
l'action des individualités, nous la dirigeons; vous créez des rivalités, nous
les prévenons. Vous dites que chez nous, le rôle de l'État est restreint;
c'est son exposition propre qui est restreinte, ce qui d'ailleurs ne fait que
la rendre plus caractéristique; mais son rôle s'étend à tout, il expose et
fait exposer sous ses auspices.

Quelques membres de l'assemblée demandent des explications de détail
qui leur sont fournies par M. le Président et par M. Vapereau.

M. le Directeur de l'enseignement primaire a la parole. Le contre-projet, dit-il, débute par ce considérant absolu : l'État est tout. C'est là une
erreur ; l'État n'est pas tout. Il n'y a pas d'école qui soit l'œuvre exclusive
de l'État. Au point de vue matériel, par exemple, l'État contribue à la dé-
pense, mais il n'exécute pas. Quant aux méthodes, il y est plus étranger
encore. Le Conseil supérieur fait à la vérité des règlements, mais ce ne
sont là que des cadres. L'application se fait de mille manières différentes,
témoin les nombreux manuels qui peuplent les écoles. L'État n'a pas de
méthodologie officielle.

Si vous passez aux résultats, aux travaux des élèves, à la vie propre de
l'école, quelle part pouvez-vous assigner à l'État? Il n'a rien à faire ici. Il
ne faut pas oublier qu'il y a un instituteur. Ce n'est donc pas l'État qui
est tout. La vérité de la situation, c'est que l'école est un produit com-
plexe dans lequel entrent la part de l'État et celle de la commune sans
qu'il soit possible de déterminer le tant pour cent de l'un ou de l'autre.
Cet état des choses peut-il être fidèlement représenté tel quel? Oui. Et
cela ne surprendra personne. Ce qui surprendrait, ce serait d'accuser un
état de centralisation qui n'existe pas. N'exagérons pas nos défauts aux
yeux des étrangers. La meilleure conclusion, c'est de chercher à grou-

per, dans un esprit national, ce qui est national ; de mettre au frontispice de notre exposition : Ministère de l'Instruction publique ; de laisser à l'État inspirateur, promoteur, la part qui lui est propre, et de donner à l'école sa vie complète avec les différentes formes qu'elle sait revêtir.

M. Jacoulet répond en faisant ressortir la part de l'État, dans l'œuvre des écoles, au triple point de vue du matériel, des méthodes et des résultats ; il montre comment le contre-projet groupe le département, la commune et l'école dans une même famille et leur réserve leur juste part de place.

M. le Directeur s'en tient à ce qu'il vient de dire et critique en outre la nouvelle rédaction du Comité des présidents, qui attribue aux communes et aux départements les méthodes et les travaux d'élèves. Il propose par un amendement de revenir à la rédaction primitive.

Après quelques observations présentées par divers membres de l'assemblée, M. Vessiot dit que le département ou la commune ne sont pas des unités au point de vue scolaire ; qu'il n'y a pas d'émulation de département à département, de commune à commune ; qu'ils n'ont ni l'un ni l'autre aucune action directe sur les écoles ; qu'ils ne sauraient par conséquent les représenter. Restent les écoles, étroitement unies à l'État par la direction générale, par les programmes. En les regardant comme exposants, on évite une confusion, on simplifie, et c'est là ce qu'il faut faire. Il y a donc lieu de revenir à la rédaction primitive avec l'amendement de M. Buisson.

M. le Président pense que le premier projet soutenu par M. Vessiot était au fond de la pensée du Comité des présidents. Si la majorité a fait des concessions, c'est qu'elle s'est exagéré peut-être le danger de limiter le rôle de l'État. Dans tous les cas, le Comité a voté en faveur du principe, à savoir : l'État exposant personnellement, et, sous ses auspices, le département, la commune, l'école, les membres du corps enseignant, dans des conditions déterminées.

La Commission plénière, consultée sur ce principe, l'adopte à une forte majorité.

L'amendement de M. Buisson, qui confirme le mode d'exposition acquis par le premier vote, et qui consiste à rétablir l'ordre ancien en revenant au tableau primitif tout entier, est aussi mis aux voix et adopté.

L'ensemble des documents est renvoyé au Comité des présidents avec prière de les resserrer et de les faire entrer dans le cadre du projet d'instruction générale.

M. B. Buisson demande l'adjonction au Comité des présidents d'un comité technique en ce qui concerne la partie architecturale et le dessin.

Le vœu est adopté.

La Commission fixe au jeudi 30 juin sa troisième réunion plénière.

Le Secrétaire,
MAILLÉ.

TRAVAUX DES SOUS-COMMISSIONS.

TRAVAUX DES SOUS-COMMISSIONS.

1re SOUS-COMMISSION.

Présidente : Mme KERGOMARD.
Secrétaire : M. G. TRÉLAT.

INSTALLATION MATÉRIELLE.

La Sous-Commission a tout d'abord émis le vœu qu'une école maternelle type soit exécutée dans les jardins de l'Exposition. Cette installation, qui correspondrait à une population scolaire de 15o enfants, montrerait d'une façon complète les dispositions des locaux (cours, jardins, classes, préaux couverts), leur décoration, leur ameublement et le matériel d'enseignement en usage.

Cette construction, si elle était autorisée, ne saurait dispenser *des dessins représentant les types d'installation les plus recommandables.*

On joindrait à ces dessins des photographies montrant la vie scolaire des enfants (dans les évolutions, aux heures des repas, etc.).

MOBILIER. — La Sous-Commission a été d'avis qu'il y avait lieu de se borner à choisir le mobilier de l'école qu'elle voudrait voir exécuter et de laisser *aux expositions individuelles le soin de reproduire les différentes solutions expérimentées.*

MATÉRIEL D'ENSEIGNEMENT. — Dans l'éducation enfantine, le matériel joue un grand rôle; la Sous-Commission est désireuse d'en assurer la représentation méthodique.

Les méthodes et les résultats de l'enseignement ne peuvent s'exposer d'une façon tangible. Pour les faire connaître, il serait nécessaire de questionner les directrices sur les procédés qu'elles emploient et les résultats qu'elles obtiennent.

En vue de satisfaire à ce *desideratum* de la Sous-Commission, sa présidente, Mme de Kergomard, a rédigé le sommaire des renseignements à demander aux directrices des écoles maternelles.

SOMMAIRE

*des renseignements à demander aux directrices des écoles maternelles
par le Ministère de l'Instruction publique.*

LOCAL.

Décrivez-nous le local de votre école maternelle : vestibule,
préau, salles d'exercices, réfectoires, vestiaire; puis les dépendances
cour ou jardin, cuisine, cabinets d'aisances, galeries extérieures,
système d'aération et de chauffage, etc.

MOBILIER.

Mobilier du préau, des salles d'exercices, du réfectoire : bancs,
tables, gradins, lavabos; installation des paniers et du vestiaire,
mobilier de la cantine, lits de camp ou hamacs, etc.

HYGIÈNE.

État sanitaire, maladies fréquentes dans l'enfance, quelle que soit
la région; maladies endémiques spéciales à la région; épidémies; le
médecin, son registre de visites. — Accidents, premiers soins; boîte
de secours; premiers pansements.

Les repas, les menus de la cantine scolaire, prix de la portion.

Les vêtements; le vestiaire permanent pour les indigents, les dis-
tributions périodiques.

ÉVOLUTIONS.

Évolutions, gymnastique; promenades scolaires.

JEUX.

Jeux individuels et collectifs, avec ou sans matériel; jeux de
préau, jeux de jardin. Influence des jeux au point de vue éducatif;
observations particulières sur l'influence éducatrice des jeux sur des
groupes d'enfants ou sur un enfant pris à part.

Liste des jeux classés d'après les qualités qu'ils développent ou
des défauts qu'ils répriment.

SECTIONNEMENT.

Le sectionnement dans les classes, dans le préau, dans les cours, pendant les exercices manuels et pendant les jeux; les avantages du sectionnement, les avantages et les difficultés de l'éducation mixte. Nombre d'enfants dans chaque section. Les moyens de concilier la discipline avec le besoin de liberté et de mouvement inhérent à la nature des enfants.

CHANT.

Du chant par l'audition, avec ou sans instrument, à une voix ou à deux voix; liste des chants qui composent le répertoire de l'école. Auteur des paroles, auteur de la musique.

POÉSIES.

Liste, avec noms d'auteurs, des poésies que les enfants savent; procédés employés pour qu'ils les comprennent, pour qu'ils s'en rendent compte et qu'elles se classent dans leur esprit.

TRAVAUX MANUELS.

Travaux manuels, la part qui leur est faite dans l'emploi du temps; difficultés d'organisation, à quoi elles tiennent; résultats obtenus par 5o enfants de trois à cinq ans, par 5o enfants de cinq à six ans (école maternelle), de sept ans (classe enfantine).

DESSIN.

Le dessin avant quatre ans.— Après quatre ans, les essais libres et la leçon de dessin. — Le dessin géométrique et le dessin usuel. — Le dessin d'invention. — Procédés et matériel. — L'écriture, conséquence du dessin.

IMAGES.

Les images. — Images murales, images en album, petites images. — Usages que l'on fait des unes et des autres. — Albums faits pour les enfants. — Avantages éducatifs de l'image, son influence sur la langue maternelle.

RÉCITS.

Utilité pédagogique des récits. — Classement des récits d'après les qualités enfantines qu'ils tendent à développer et les défauts qu'ils tendent à réprimer. — Part faite à l'imagination, à la fantaisie, à la gaieté, aux contes et à l'histoire. — Procédés employés pour captiver et retenir l'attention, pour s'assurer que l'enfant a compris, pour lui faire reproduire le récit.

CAUSERIES SUR LES CHOSES.

Exercices propres à développer les sens et l'esprit d'observation chez les enfants. — La causerie sur les choses pour les enfants de deux à quatre ans, de quatre à six ans, puis de six à sept ans (classe enfantine). — Préparation de ces causeries; sommaire indiqué sur le journal de classe. — Catalogue du musée scolaire; sa provenance. — Liste des causeries faites pendant un trimestre.

CALCUL.

Procédés pour enseigner la formation, la composition et la décomposition des nombres, puis les quatre opérations fondamentales (première dizaine; dix premières dizaines). — Procédés pour représenter d'une façon intuitive les nombres par des chiffres. — Calcul mental; applications du calcul mental aux usages journaliers. — Procédés pour familiariser les enfants avec les monnaies de billon, d'argent et d'or, avec les francs et les centimes, avec les mesures les plus usuelles du système métrique. — Jeux à l'aide du calcul mental.

LECTURE.

Procédés de lecture collective. — Résultats (sur 5o enfants) au bout d'un trimestre, d'un semestre, d'une année. — Nombre d'enfants de six ans (sur 5o) lisant couramment et comprenant ce qu'ils lisent. — Nombre d'enfants (sur 5o) pouvant rendre compte de leur lecture (enfants de sept ans, classe enfantine). — Nombre d'enfants de sept ans (classe enfantine) pouvant répondre par écrit à une question très simple fournie par la lecture. — Lien intime qui existe entre les images, les récits, les poésies, les causeries sur les choses et le langage maternel.

EMPLOI DU TEMPS.

Nombre et description des exercices dans les classes du matin et dans celles du soir. — Leur durée. — Avantages et inconvénients des changements très fréquents d'exercices. — Tendance des parents à laisser leurs enfants à l'école après l'heure réglementaire. — Influence de la maîtresse pour l'atténuer. — Assiduité des enfants le jeudi.

CONGÉS. — VACANCES.

Les congés. — Les vacances. — Moyens de sauvegarder les intérêts des enfants, ceux des parents et ceux des maîtresses.

PERSONNEL.

Relations entre la directrice et les adjointes. — Moyens qu'elles emploient pour mettre de l'unité dans leur action. — Relations du personnel avec les parents, avec la municipalité, avec le patronage.

2ᵉ SOUS-COMMISSION.

ÉCOLES ÉLÉMENTAIRES.

Président : M. VAPEREAU.
Secrétaire : M. MESSIN.

PROPOSITIONS ET RÉSOLUTIONS.

(Extrait des procès-verbaux des séances des 28 mai, ..., 11 et 15 juin.)

Renvoyé à la Commission générale la question des rapports de l'exposition scolaire du Gouvernement avec les expositions individuelles des participants de l'enseignement public.

I

SUR LA PREMIÈRE DES TROIS QUESTIONS À ÉTUDIER :

INSTALLATION MATÉRIELLE ET MOBILIER DES ÉCOLES.

1ʳᵉ Proposition : Qu'il soit construit, sur l'emplacement réservé à la section VI, extérieurement, dans les jardins et à proximité ou en face de la galerie affectée à cette section, une maison d'école rurale comprenant trois classes, dont une classe enfantine annexée; ces classes seraient meublées et toutes prêtes à recevoir maîtres et élèves; elles devraient réunir les meilleures dispositions adoptées pour la lumière, la ventilation et le chauffage. Comme dépendances, il y aurait cours de récréations, préaux couverts, gymnase, etc. Rien de ce qui a rapport à l'enseignement ne serait omis, sauf le logement des maîtres qui pourrait être indiqué seulement par des amorces. La construction serait légère, en briques, plâtras ou imitation de moellons. — Pour le matériel scolaire, mobilier, bancs, tables, tableaux noirs, cartes et autres objets d'enseignement, ils pourraient être prêtés par des fournisseurs et des éditeurs. — Du reste, les détails de l'installation et de l'organisation de cette école type seront déterminés ultérieurement, si la proposition est admise par la Commission.

2ᵉ Proposition : Emprunter à la collection des plans d'écoles qui existe au Ministère un certain nombre de plans choisis, pour chaque département, de la façon suivante : chaque Inspecteur d'Académie serait invité à désigner deux écoles établies dans les conditions les plus satisfaisantes, et choisir dans chacune de ces catégories : Écoles spéciales de garçons à une classe, à deux classes, à trois classes, à quatre ou à plus de quatre classes ; — même choix pour les écoles spéciales de filles ; — deux écoles mixtes de petites communes ou de hameau ; deux groupes scolaires comprenant une école de garçons et une école de filles à plusieurs classes. — Les plans, les perspec·tives d'ensemble ou d'extérieur, la perspective de détail, etc., seraient reproduits à une échelle et dans des conditions déterminées par une sous-commission technique. Des dessins accessoires, des photographies représenteraient, au besoin, comme termes de comparaison, les anciennes classes en regard des écoles qui leur ont été substituées, afin de faire juger du progrès accompli.

3ᵉ Proposition : Exhibition dans les galeries, et en dehors des types spécialement adoptés pour l'école complète, de tous les modèles d'objets de mobilier et de matériel scolaire inventés, fabriqués ou employés par les divers exposants.

II

MÉTHODES D'ENSEIGNEMENT.

La Sous-Commission a écarté, à cause des inconvénients pratiques, l'exhibition en quelque sorte vivante des méthodes et procédés scolaires par la mise en scène de classes réelles, avec professeurs donnant leurs diverses leçons et élèves les recevant, devant un public qui, grâce à certaines dispositions, verrait tout sans être vu. La proposition avait été faite par l'un des membres de la Sous-Commission.

L'exposition des méthodes, procédés pratiques et directions se ferait au moyen des réponses des instituteurs aux nombreuses et diverses questions portant sur tous les objets de l'enseignement. Le recueil des réponses jugées les plus satisfaisantes formerait une vaste enquête, avec les appréciations des maîtres les plus autorisés.

La Sous-Commission a discuté et arrêté, dans leurs détails, les questionnaires à faire remettre par les Inspecteurs d'Académie aux instituteurs et institutrices de leur ressort. Ils sont joints au procès-verbal de la Sous-Commission et portent sur trois points : 1° tenue matérielle de l'école et des enfants ; 2° méthodes et procédés ; 3° éducation morale, discipline, etc. Ils se complètent par quelques questions d'intérêt général à soumettre au jugement des hommes d'expérience.

III

RÉSULTATS.

L'exposition des résultats se ferait par les objets suivants :

Cahiers des élèves, comprenant : 1° une suite de cahiers de devoirs journaliers portant la date de chaque jour et donnant une idée de la suite de l'enseignement et du travail des enfants; 2° Un choix de cahiers mensuels, dans les meilleures conditions de sincérité et d'autorité;

Choix de compositions faites pour l'examen du certificat d'études primaires dans un, deux ou trois cantons de chaque département;

Cartes de géographie, isolées ou réunies en album, avec indication du mode et procédé d'exécution (de mémoire ou d'après modèle); photographies de cartes exécutées au tableau noir, et les autres travaux de cartographie;

Travaux manuels, particulièrement ceux qui se rapportent à l'industrie locale. — Travaux de couture, indiquant toute la suite de l'enseignement et, autant que possible, réunis et classés en album.

Pour certains détails d'exécution, l'uniformité des mesures, formats, conditions matérielles et extérieures, etc., la sous-commission technique déjà mentionnée aura à les fixer.

QUESTIONNAIRE.

I

Tenue matérielle de l'école et des enfants.

Depuis quelle époque êtes-vous chargé de la direction de votre école?

1. L'école se trouve-t-elle bien située?

2. Bien exposée?

3. Est-elle dans de bonnes conditions de salubrité?

4. Quelle est la surface de l'école?

5. Quelle est la surface du préau?

6. Quelle est la surface de la cour?

7. Nombre des élèves.

8. Nombre des classes.

9. La disposition en est-elle bonne?

10. Surface de chacune.

11. Volume d'air de chaque classe.

12. Nombre d'élèves.

13. S'il n'existe pas de préau, les enfants sont-ils abrités avant d'entrer en classe, et comment?

14. Quelles améliorations pensez-vous qu'il serait utile d'apporter?

15. Avez-vous l'eau en quantité suffisante, et d'où vous vient-elle? Quelle est la quantité par tête?

16. Quels sont les appareils de chauffage qui existent dans l'école?

17. En êtes-vous satisfait?

18. Quelles sont les précautions hygiéniques prises pour assurer la propreté de l'école et celle des classes en particulier?

19. Existe-t-il un agent spécial chargé du service de la propreté?

20. L'aération se fait-elle régulièrement?

21. A quelle époque se fait le lessivage des classes?

22. Quel est le système de table adopté dans votre école? Avantages, inconvénients.

23. En existe-t-il plusieurs?

24. Quel est celui que vous reconnaissez préférable, et pour quels motifs?

25. Les tables d'une classe sont-elles de même grandeur ou de grandeurs différentes et proportionnées à la taille des enfants?

26. Y a-t-il un médecin attaché à l'école?

27. Ses visites sont-elles mensuelles, bi-mensuelles, hebdomadaires?

28. Passe-t-il dans les classes?

29. Signe-t-il un registre où il peut noter ses observations?

30. Y a-t-il eu des maladies épidémiques?

31. De quelle nature?

32. Durée.

33. Ont-elles nécessité la fermeture de l'école?

34. Combien de cas ont été suivis de mort?

35. Précautions prises à ce moment.

36. Avez-vous beaucoup d'enfants myopes?

37. Dans quelle proportion?

38. A quelle cause l'attribuez-vous?

39. Les enfants prennent-ils le repas de midi à l'école?

40. Existe-t-il une cantine?

41. La portion des enfants est-elle gratuite?

42. Sinon, quel en est le prix?

43. Y a-t-il un menu fixé par semaine ou par mois?

44. Que fait la municipalité pour les enfants nécessiteux?

45. A quelle époque se distribuent les secours?

46. Est-ce par votre intermédiaire?

47. Quelle est la composition des élèves de votre école, en général? A quel genre de familles appartiennent-ils?

48. Vos élèves arrivent-ils à l'école dans un état satisfaisant de propreté?

49. Dans la négative, quelles mesures prenez-vous? Comment faites-vous intervenir les parents?

II

MÉTHODES ET PROCÉDÉS D'ENSEIGNEMENT.

Enseignement de la lecture.

École à une classe et à un seul maître.

1. Quelle est la méthode suivie :

Ancienne épellation?
Nouvelle épellation?
Sans épellation?

2. Auteur de la méthode.

3. Fait-on usage d'appareils? Les indiquer.

4. Quels sont les procédés employés?

5. Les leçons sont-elles communes et ont-elles lieu au moyen d'un tableau unique ou de livrets individuels?

Ou bien les élèves sont-ils partagés en groupes? Combien?

6. Comment les leçons sont-elles données dans chaque groupe? Est-ce par le maître ou par des moniteurs?

7. Rôle du maître.

8. Rôle des moniteurs.

9. Se sert-on du tableau noir? Dans quelles conditions?

10. Nature des exercices.

11. Utilise-t-on les ardoises?

12. Fait-on participer parfois les plus jeunes enfants aux exercices de lecture des élèves plus avancés du même cours, c'est-à-dire la leçon est-elle dans certains cas commune aux enfants qui commencent à lire et à ceux qui lisent couramment?

13. Exposer les procédés particuliers employés pour faciliter le progrès.

14. Combien de temps faut-il en moyenne à un enfant qui arrive à l'école ne sachant rien pour apprendre à lire?

École à deux classes et à deux maîtres.

Mêmes questions pour l'enseignement de la lecture à la dernière division du cours élémentaire.

4

École à trois classes et à trois maîtres.

Idem.

Combien y a-t-il d'enfants qui, à la fin du cours élémentaire, comprennent assez ce qu'ils lisent pour pouvoir décomposer les phrases en leurs éléments constitutifs, c'est-à-dire qui pourraient faire une analyse intelligente (sur 20 enfants)?

Combien y en a-t-il qui, à la fin du cours moyen, pourraient faire un résumé oral sur leur lecture (sur 20 enfants)?

Combien, à la fin du cours supérieur, pourraient faire un résumé écrit (sur 20 enfants)?

ÉCRITURE.

1. Enseignez-vous l'écriture simultanément avec la lecture?

2. Quelle est la méthode suivie?

3. Quels principes donnez-vous à vos élèves pour la tenue du corps?

4. Les élèves commencent-ils à écrire sur l'ardoise ou sur le papier?

5. Dans ce deuxième cas, avec le crayon ou la plume?

6. Avantages.

7. Inconvénients.

8. Par quelle grosseur d'écriture fait-on commencer l'enfant?

9. Que pensez-vous des cahiers gravés? Vous en servez-vous?

10. Quel est l'auteur de la méthode?

11. Indiquer le rôle du maître dans ce cas.

12. Quel usage faites-vous du tableau noir?

13. Le maître a-t-il des procédés particuliers destinés à faciliter les progrès en écriture et quels sont ces procédés?

LANGUE FRANÇAISE.

1. Comment enseignez-vous les éléments de la langue française aux élèves du cours élémentaire?

2. Comment s'apprennent les exercices de mémoire dans les classes élémentaires?

3. Quels sont les principaux auteurs dans lesquels vous choisissez vos morceaux :

Dans le cours élémentaire ?

Dans le cours moyen ?

Dans le cours supérieur ?

4. Comment vous servez-vous de la récitation pour familiariser les enfants à la rédaction ?

5. Comment vous y prenez-vous pour amener les enfants à exprimer leur pensée ?

6. Fait-on concourir à la fois l'enseignement de la grammaire avec la lecture ?

7. Quels moyens employez-vous pour développer le vocabulaire de vos élèves ?

8. Procédés particuliers employés par le maître pour favoriser l'étude de l'orthographe.

9. Quel mode de correction adoptez-vous ?

ARITHMÉTIQUE. — SYSTÈME MÉTRIQUE. — SCIENCES.

1. Quels moyens employez-vous pour rendre cet enseignement accessible aux élèves du cours élémentaire ?

2. Quels procédés employez-vous pour faire comprendre aux enfants la formation, la composition des nombres ?

3. Quels sont les moyens employés pour l'enseignement des quatre opérations ?

4. Se sert-on de tableaux spéciaux pour l'enseignement du calcul ?

5. Quels sont vos procédés particuliers pour amener les enfants à la solution des problèmes ?

6. Quelle place occupe le calcul mental et par quels moyens le rendez-vous familier ?

7. Comment est enseigné le système métrique ?

8. L'école possède-t-elle un *compendium* métrique ?

9. Possède-t-elle un tableau présentant l'ensemble des mesures légales ?

10. Initie-t-on les enfants à la connaissance et aux usages des différentes mesures ?

Comment ?

11. Les enfants sont-ils exercés à la représentation des mesures ?

Comment entendez-vous l'enseignement des sciences :

Dans le cours élémentaire ?

Dans le cours moyen ?

Dans le cours supérieur ?
Quelles collections possédez-vous ou faites-vous :
Herbiers?
Végétaux?
Minéraux ?
Quel usage en faites-vous?

HISTOIRE.

1. Dans quelle mesure enseignez-vous l'histoire de France aux élèves :
Du cours élémentaire?
Du cours moyen ?
Du cours supérieur?

2. Dans une classe à un seul maître, faites-vous une leçon commune aux trois cours ou une leçon particulière à chacun d'eux?

3. Avez-vous des gravures historiques? Quel usage en faites-vous?

4. A quelle époque mettez-vous un livre entre les mains des élèves? Quel usage en font-ils?

5. Quels sont les manuels dont vous vous servez de préférence?

6. Quels sont vos procédés particuliers pour l'enseignement de l'histoire?

GÉOGRAPHIE.

1. Comment l'enseignez-vous :
Dans le cours élémentaire?
Dans le cours moyen?
Dans le cours supérieur ?

2. Quel est votre matériel d'enseignement (cartes, globes, atlas) ?

3. Quel usage faites-vous du tableau noir, des croquis?

4. Dans quelle mesure alliez-vous l'enseignement de la géographie locale avec celui de la géographie générale?

5. Quelle place donnez-vous à la géographie descriptive (flore, faune, habitants)?

6. Comment faites-vous concourir l'enseignement de la géographie avec celui de l'histoire?

DESSIN.

1. Comment initiez-vous les enfants à l'enseignement du dessin et de quel matériel disposez-vous ?

2. Comment procédez-vous dans le cours moyen?
Dans le cours supérieur?

3. Y a-t-il un professeur spécial?

4. Quel emploi faites-vous des estampes?
Du plâtre?
Des modèles en relief?

5. Quels résultats obtenez-vous?

CHANT.

1. Vos enfants ont-ils du goût pour la musique?

2. Que faites-vous pour le leur donner ou le leur développer?

3. Quel parti tirez-vous du goût de vos élèves pour le chant?

4. Quels exercices faites-vous accompagner par des chants?

5. Quelle méthode suit-on?

6. Comment enseigne-t-on la musique dans le cours élémentaire?
Dans le cours moyen?
Dans le cours supérieur?

7. Quelle part donnez-vous à la théorie dans l'enseignement musical?

GYMNASTIQUE.

1. Y a-t-il un local spécial pour l'enseignement de la gymnastique dans l'école?

2. Sinon, dans la localité?

3. La gymnastique est-elle enseignée par un professeur spécial?

4. A quelle partie de la journée se donnent les leçons?

5. Quels sont les appareils dont vous disposez?

6. A quel âge les élèves commencent-ils à s'en servir?

7. Quels avantages pensez-vous que les enfants tirent de cet enseignement?

8. Faites-vous chanter pendant les exercices? Y trouvez-vous des avantages ou des inconvénients?

III

ÉDUCATION MORALE. — DISCIPLINE. — EXACTITUDE.
ÉMULATION. — RÉCOMPENSES.

1. Sous quelle forme donnez-vous l'enseignement de la morale aux élèves du cours élémentaire?

2. Du cours moyen?

3. Du cours supérieur?

4. A quel moment de la journée?

5. Où prenez-vous le sujet de vos leçons?

6. Dans les relations de l'école, quelles qualités êtes-vous appelé à faire naître ou à développer chez l'enfant?

7. Quels sont les défauts que vous avez le plus souvent à réprimer?

8. Pouvez-vous exposer quelques moyens pratiques qui vous aient réussi?

9. Comment vous attachez-vous à développer le sentiment de la dignité personnelle chez l'enfant?

10. Comment exercez-vous l'enfant à réfléchir sur ses actes pour l'amener à les juger afin de faire naître chez lui le sentiment de la responsabilité personnelle?

11. Quels sont les principes généraux de morale que vous vous attachez surtout à inculquer à vos élèves et dont vous trouvez souvent l'application dans la vie de l'école?

12. Comment amenez-vous progressivement l'enfant à observer les principes d'une bonne éducation?

13. Dans les écoles nombreuses, n'y aurait-il pas intérêt, au point de vue de l'éducation morale, à ce que le même maître suivît ses élèves pendant plusieurs années?

14. Conservez-vous encore des rapports avec vos élèves après leur sortie définitive de l'école et quelle influence continuez-vous à exercer sur eux?

DISCIPLINE.

1. La discipline est-elle facile à obtenir dans votre école?

2. Quels moyens prenez-vous pour en assurer le maintien?

3. Comment se fait la rentrée des classes?

4. La sortie des classes?
Comment se fait la sortie de la classe?

5. Comment se fait la sortie de l'école?

6. Comment obtenez-vous des enfants dans une classe le silence et l'attention nécessaires, et, en général, par quels procédés établissez-vous et maintenez-vous votre autorité sur l'enfant sans recourir aux châtiments corporels?

7. Comment est employé le quart d'heure de repos qui coupe les classes du matin et du soir ?

EXACTITUDE.

1. L'exactitude est-elle difficile à obtenir dans votre commune ? A quelle époque de l'année les enfants manquent-ils le plus souvent ? Pour quels motifs ?

2. Fermez-vous la porte de l'école à l'heure indiquée ou recevez-vous les élèves attardés ? Pourquoi agissez-vous ainsi ?

3. Existe-t-il une horloge sur la façade de l'école ? Quel parti en tirez-vous ?

4. Avez-vous un grand nombre d'élèves à signaler à la commission scolaire pour absences non motivées ?

5. Quels moyens particuliers employez-vous pour obtenir l'assiduité ?

6. Les parents vous signalent-ils les absences des élèves ?

7. Jusqu'à quel âge les enfants fréquentent-ils l'école en général ?

ÉMULATION. — RÉCOMPENSES.

1. Quels moyens employez-vous pour exciter l'émulation de vos élèves ?

2. Quel est votre système de récompenses ?

3. Quel est votre système de punitions ?

RAPPORTS AVEC LES FAMILLES.

1. Dans quelles circonstances faites-vous intervenir les parents de vos élèves ?

2. A quel moment les recevez-vous ?

3. De quelle nature sont vos rapports avec les familles ?

4. Avez-vous un carnet de correspondance ou par quel moyen y suppléez-vous ?

5. Quels avantages retirez-vous de ces rapports ?

CONFÉRENCES AVEC LES MAÎTRES ADJOINTS.

1. Avez-vous des conférences fréquentes avec vos directeurs adjoints ?

2. Quel en est le but ?

3. Quels avantages trouvez-vous à ces réunions ?

BIBLIOTHÈQUE.

1. Existe-t-il une bibliothèque dans l'école?

2. Date de la fondation.

3. De combien de volumes se compose-t-elle?

4. Quel est le genre des ouvrages?

5. Les maîtres trouvent-ils les ouvrages nécessaires au développement de leur instruction et à la bonne préparation des leçons?

6. Quel est le mode de distribution?

7. Quel est en moyenne le nombre de volumes distribués en un mois?

8. Vos élèves aiment-ils la lecture et sollicitent-ils le renouvellement de leurs livres?

9. Les portent-ils dans la famille?

10. Avez-vous organisé un système de lectures pour la veillée, pour les jours de congé, pour les vacances? Ne pouvez-vous pas, grâce à ce système, supprimer la plus grande partie des devoirs écrits que les enfants sont obligés de faire en dehors des classes?

Trouvez-vous les programmes trop chargés?

En ce cas, que proposeriez-vous d'en retrancher? Expliquez vos raisons.

Votre expérience vous suggère-t-elle des moyens d'alléger le travail des enfants sans toucher au programme?

3ᵉ SOUS-COMMISSION.

ÉCOLES PRIMAIRES SUPÉRIEURES.

Président : M. Durand.
Rapporteur : M. Durand.

La 3ᵉ Sous-Commission, réunie les 2 et 8 juin 1887, adopte les propositions suivantes, pour être soumises à la Commission plénière :

1° L'enseignement primaire supérieur sera représenté à l'Exposition universelle : 1° par les *écoles primaires supérieures de plein exercice;* 2° par les *cours complémentaires* de deux ans et d'un an.

La distinction entre ces deux catégories d'établissements sera observée en ce qui concerne les travaux exposés.

2° L'exposition comprendra :

Le recueil des lois, décrets, arrêtés, instructions concernant la matière (depuis 1853);

L'historique des écoles actuellement existantes et la monographie de quelques-unes d'entre elles ;

La statistique de l'enseignement primaire supérieur en 1888 ;

Les plans d'écoles, soit dessinés, soit photographiés, le tout formant deux collections distinctes : la première, composée de pièces de dimensions diverses, fournira les éléments d'une exposition murale ; la seconde ne comprendra que des plans de dimension uniforme et reproduits d'après une échelle déterminée, pour être placés dans les vitrines tournantes et les albums.

Il y aura lieu aussi d'admettre des plans en relief.

L'exposition comprendra également :

Les collections pour l'enseignement scientifique (physique, chimie, histoire naturelle) avec catalogues ;

Les musées scolaires, herbiers et autres collections formées par les élèves et munies de leur catalogue, ainsi que de l'historique de la formation ;

Les horaires ou emplois du temps, avec notice explicative ;

Les mémoires, imprimés ou manuscrits, dans lesquels les maîtres exposent les méthodes et procédés d'enseignement qui leur sont personnels ;

En outre, et s'il y a lieu, une série de modèles gradués faits par les maîtres et servant à leur enseignement ;

Les travaux d'élèves comprenant : dessin géométrique, artistique, industriel ; croquis faits à main levée et cotés.

Pour tous les genres de dessin, il sera formé des séries permettant d'apprécier, pour un laps de temps déterminé, les progrès accomplis soit par un même élève, soit par une même classe ;

Cartographie ;

Devoirs et cahiers d'élèves représentant l'ensemble des matières du programme, et divisés en cours de lettres et cours de sciences ;

Travaux manuels pour les garçons : travail du fer, du bois, de la pierre ; applications diverses ;

Travaux manuels pour les filles : coupe et confection de vêtements, avec le tracé du patron ; applications diverses.

Enfin, comme document d'un intérêt spécial et d'une sincérité hors de doute, la Sous-Commission demande qu'on recueille et qu'on expose les copies de compositions admises aux examens pour le certificat d'études primaires supérieures en 1888 (adoption d'un format uniforme pour ces compositions).

Elle demande aussi qu'il soit fourni par chaque école un *Annuaire* des anciens élèves, avec l'indication des professions choisies par chacun d'eux, mention des comités de patronage, associations amicales, et généralement tout ce qui constitue la vie d'une école supérieure considérée comme un être moral.

Consultée sur la question du mode général d'exposition, question débattue en réunion plénière et renvoyée à l'examen des comités, la Sous-Commission exclut le rôle de l'État considéré comme exposant unique ;

Admet les collectivités municipales et départementales à exposer conjointement avec le Ministère de l'Instruction publique, sous le patronage et le contrôle de ce dernier ;

Exclut les écoles libres du bénéfice de cette mesure.

Le Rapporteur de la 3e Sous-Commission,

Hipp. DURAND.

4ᵉ SOUS-COMMISSION.

ÉCOLES PROFESSIONNELLES ET ÉCOLES D'APPRENTISSAGE.

———

Président : M. DE MONTMAHOU.
Secrétaire et rapporteur : MM. Marcel LAMBERT et PILLET.

RAPPORT

de la 4ᵉ Sous-Commission chargée de préparer l'exposition des écoles d'enseignement professionnel et des écoles d'apprentissage à l'Exposition universelle de 1889.

———

La 4° Sous-Commission, chargée spécialement de préparer l'exposition des écoles d'enseignement professionnel et des écoles d'apprentissage à l'Exposition universelle de 1889, a tenu trois séances, les deux premières sous la présidence de M. de Montmahou, et la troisième sous la présidence de M. Salicis.

Préoccupée de l'importance, on pourrait presque dire nationale, qui s'attache à cette question de l'enseignement professionnel en France, la Sous-Commission s'est demandé s'il n'y avait pas lieu, tout d'abord, de définir d'une façon précise ce que l'on entend par « école professionnelle », cette définition devant faciliter son travail et lui permettre de reconnaître sûrement quelles sont les écoles qui rentrent dans sa compétence. En effet, une confusion peut être faite, d'une part, à propos de certaines écoles supérieures qui, en dehors des trois années réglementaires, comptent une quatrième année spéciale et réellement professionnelle, et, d'autre part, à propos d'écoles dites professionnelles qui n'ont de professionnel que le nom (les documents recueillis par la direction de l'enseignement primaire en font foi), et dans lesquelles on trouve tout au plus un établi ou un étau.

Malheureusement cet enseignement professionnel n'est encore, en France, qu'à son début; de très grands efforts ont été faits dans les principaux centres industriels ou agricoles; mais en grande majorité les écoles de cet ordre d'enseignement auront à subir des transformations notables pour justifier leur titre et soutenir la comparaison avec celles de l'étranger. Aussi, vu les difficultés que présentait une définition précise répondant exactement à l'ensemble des écoles professionnelles de France; considérant, du reste, que cette définition en vue de l'exposition n'était pas absolument nécessaire, la Sous-Commission s'est contentée d'admettre comme point de départ deux sortes d'écoles professionnelles :

1° Les écoles dans lesquelles on donne un enseignement professionnel général;

2° Celles dans lesquelles l'enseignement vise plus particulièrement un corps d'état, un métier ou une industrie spéciale à une région.

L'Administration supérieure appréciera tout d'abord elle-même quelles sont les écoles qui rentrent dans l'un de ces deux cas, et la Sous-Commission jugera en dernier ressort lorsqu'elle en sera saisie officiellement.

D'autre part, et malgré la différence très réelle qui existe en fait entre l'école professionnelle, où se donnent des notions préliminaires et surtout théoriques en vue d'un métier ou d'une profession, et l'école d'apprentissage, dans laquelle s'enseigne la pratique complète de ce métier ou de cette profession et d'où l'apprenti sort ouvrier capable d'exercer, la Sous-Commission n'a pas cru devoir faire une distinction entre ces deux genres d'écoles, et toutes les résolutions prises par elle s'appliquent également à l'école professionnelle et à l'école d'apprentissage.

La 4ᵉ Sous-Commission s'est dès lors préoccupée des moyens propres à assurer l'exposition de ces écoles professionnelles et de ces écoles d'apprentissage dans chacune des trois grandes divisions tracées par l'Administration supérieure elle-même, savoir :

1° L'installation matérielle;

2° Les méthodes et procédés d'enseignement;

3° Les spécimens de travaux d'élèves et de maîtres.

La première séance a été consacrée spécialement à la première de ces grandes divisions; la deuxième aux deux autres, et la troisième a permis de résumer l'ensemble des décisions prises, par l'adoption d'un projet de circulaire aux directeurs et directrices ayant pour but de leur faciliter ce que l'on peut appeler le récolement de ce qui, dans chaque école, peut prétendre aux honneurs de l'Exposition.

1ʳᵉ DIVISION. — INSTALLATION MATÉRIELLE.

Les moyens propres à assurer l'exposition en ce qui concerne l'installation matérielle des écoles professionnelles et des écoles d'apprentissage devaient tout spécialement attirer l'attention de la Sous-Commission.

En effet, les plans de ces écoles sont certainement, d'une part, les plus intéressants comme ensemble, et, d'autre part, les plus complexes et les plus différents dans l'ordre général de l'enseignement primaire public. Chaque école professionnelle ou d'apprentissage constitue, en somme, un type particulier, et les principales d'entre elles peuvent motiver l'envoi de très beaux et très intéressants dessins au point de vue soit de l'installation, soit de la décoration intérieure et extérieure. Puis la question de l'échelle des dessins était importante, ainsi que celle de la présentation même de ces dessins, pour éviter que l'exposition n'exigeât une trop grande surface. Ces différentes questions ont donc été vivement débattues, et trois catégories de dessins ont été admises par la Sous-Commission, chacune de ces catégories étant soumise à des exigences spéciales, afin de donner à l'exposition un caractère d'unité et faciliter, par suite, l'étude et la comparaison des divers plans :

1° Pour les écoles professionnelles en général, les plans, façades, coupes, et une vue perspective d'ensemble à une échelle unique et en se renfermant dans une dimension de feuille déterminée;

2° Pour les détails particulièrement intéressants de ces écoles, au point de vue soit des services, soit de la décoration, des dessins et photographies à des échelles variables, mais en se rapprochant autant que possible d'un format déterminé;

3° Pour les principales écoles professionnelles et les écoles nationales d'apprentissage, comme une espèce de monographie avec liberté entière pour le nombre et l'échelle des dessins, le format et les dimensions des encadrements.

L'emploi de cartons ou de meubles spéciaux, tournants ou autres, peut donc être suffisant pour la première catégorie, tandis que des surfaces murales seront en général nécessaires pour les deux autres.

Enfin l'envoi de modèles en relief, constituant ce que l'on peut appeler des plans sur table, a été également admis, ainsi que l'exposition du matériel spécial de construction ou d'ameublement, dans les cas particulièrement intéressants, et cela soit grandeur nature, soit en réduction.

Comme on le voit, la Sous-Commission n'a pas cru devoir arrêter l'échelle des ensembles, afin de ne pas préjuger la question générale de la présentation des dessins, question qui doit se poser inévitablement à la Commission plénière à la suite des rapports des différentes sous-commissions. D'ailleurs, et si ce point était admis, une étude préliminaire de l'importance de chacun de ces ensembles serait nécessaire ; or cette étude ne peut être faite que par une sous-commission spéciale et pour toutes les écoles. Nous ajouterons aussi que le vœu de la 4ᵉ Sous-Commission est qu'une autre sous-commission spéciale, composée en partie d'architectes, soit chargée du soin d'organiser l'exposition de l'enseignement primaire public au point de vue de la présentation générale et de l'aspect.

2ᵉ DIVISION. — MÉTHODES ET PROCÉDÉS D'ENSEIGNEMENT.

La 4ᵉ Sous-Commission, en ce qui concerne les moyens propres à assurer l'exposition des méthodes et procédés d'enseignement, en vue de donner une idée exacte de l'enseignement dans chacune des écoles professionnelles, a subordonné ses décisions aux questions suivantes :

Que fait-on dans l'école ? A quel but tend-on ? A quoi se destinent les élèves ? En d'autres termes : Quel est le programme d'enseignement de l'école et quelles sont les méthodes généralement suivies ?

On entend aussi par méthodes et procédés d'enseignement les ouvrages de librairie mis entre les mains des élèves, les modèles et même l'outillage ; mais, surtout dans les écoles professionnelles de garçons ou de filles, ces méthodes et procédés ne valent que par l'initiative personnelle des directeurs, directrices et professeurs. Aussi la Sous-Commission s'est-elle surtout attachée à la constatation de cette initiative personnelle en proposant l'envoi dans toutes les écoles professionnelles qui ressortissent à la direction de l'enseignement primaire d'un questionnaire spécial concernant leur fonctionnement en général. Ce questionnaire imprimé pourrait ainsi constituer avec les réponses une série d'albums mis à la disposition de quiconque voudra en prendre lecture à l'exposition et d'où, par conséquent, devront être écartées questions et réponses ayant un caractère confidentiel. Nous reviendrons plus loin sur ce questionnaire.

Enfin, pour donner un peu de vie à cette partie un peu aride de l'exposition, la Sous-Commission émet le vœu que l'Administration supérieure provoque le plus possible l'envoi de photographies spéciales prises sur le vif, au moment où les élèves sont aux cours ou dans les ateliers.

3ᵉ DIVISION. — SPÉCIMENS DES TRAVAUX DES ÉLÈVES ET DES MAÎTRES.

Les questions relatives à cette troisième grande division étaient également des plus intéressantes au point de vue de l'exposition, et tout d'abord deux subdivisions bien tranchées ont été admises par la Sous-Commission, la première devant particulièrement se rapporter aux devoirs des élèves au point de vue de l'enseignement en général, la deuxième aux devoirs et travaux de ces élèves au point de vue de l'enseignement technique proprement dit.

Il y a lieu en effet de considérer que, dans toutes les écoles professionnelles de filles ou de garçons, il existe un enseignement général primaire ou primaire supérieur, et il était intéressant de faire voir comment le professeur de cet enseignement primaire seconde le professeur d'enseignement technique. La première subdivision comprendra donc, d'après la Sous-Commission, les devoirs des élèves dans toutes les branches de l'enseignement général, voire même du dessin et de la couture; et quant à la deuxième subdivision, comprenant alors spécialement les devoirs et travaux des élèves d'un ordre purement technique, c'est certainement une des parties de l'exposition de l'enseignement primaire qui offrira le plus d'intérêt au public aussi bien qu'aux initiés.

Les deux branches de l'enseignement professionnel citées plus haut, le dessin et la couture, devaient attirer tout particulièrement l'attention de la Sous-Commission. Pour le dessin, M. Pillet, par sa compétence toute spéciale et son extrême bienveillance, a surtout facilité la tâche de la Sous-Commission, et il y a tout lieu de croire que les idées émises par lui sur cet enseignement, en vue de l'exposition, et résumées dans un projet de circulaire ci-annexé seront approuvées par la Commission. Quoi qu'il en soit, et dans le but d'éviter l'envoi de dessins insignifiants, la Sous-Commission s'est ralliée à cet avis, de n'exposer que les dessins, épures ou croquis des élèves ayant servi à la fabrication même des objets ou ayant un rapport réel avec le but professionnel de l'école.

Mᵐᵉ Schéfer, de son côté, a tout particulièrement attiré l'attention de la Sous-Commission sur certains points intéressants de l'enseignement professionnel dans les écoles de filles, sur la couture en général et sur certaines spécialités, comme, par exemple, la coupe, la broderie, la confection, les fleurs artificielles, etc., voire même l'économie domestique.

Aucune restriction ne sera faite à propos de l'exposition des mannequins; ils pourront être de grandeur naturelle ou réduits; mais, dans tous les cas, comme pour le dessin, la Sous-Commission désire voir exposés auprès de ces mannequins ou auprès des autres objets fabriqués dans les écoles de filles, les maquettes, patrons, croquis, aquarelles, etc., qui auront servi à cette confection ou à cette fabrication.

Enfin la Sous-Commission, vu l'intérêt que présentent les modèles ou séries de modèles que souvent les maîtres des écoles professionnelles sont amenés à exécuter dans le but d'initier les élèves à la pratique de leur métier ou de leur industrie, a admis l'exposition de ces modèles et séries et propose de les rattacher selon le cas à l'une ou l'autre des deux dernières grandes divisions.

Ces résolutions une fois prises, il y avait lieu de se préoccuper de la rédaction du questionnaire cité plus haut à propos des méthodes et procédés d'enseignement. Comme il était facile de le prévoir, ce questionnaire s'est alors étendu aux trois grandes divisions, et a pris enfin la forme d'une circulaire que la Sous-Commission propose d'envoyer dans toutes les écoles professionnelles et les écoles d'apprentissage par les soins de l'Administration supérieure, afin de servir de guide aux directeurs et directrices dans les choix à faire et assurer une exposition véritablement sincère desdites écoles.

C'est le projet de cette circulaire, arrêté dans sa troisième séance, que la Sous-Commission a l'honneur de soumettre à l'appréciation de la Commission plénière comme le résumé de ses travaux.

PROJET DE CIRCULAIRE GÉNÉRALE

à adresser aux directeurs et directrices des écoles professionnelles et des écoles manuelles d'apprentissage qui ressortissent à la Direction de l'enseignement primaire.

INTRODUCTION.

J'ai décidé que les écoles professionnelles et les écoles manuelles d'apprentissage qui ressortissent à mon administration, de quelque ordre qu'elles soient, participeront à l'Exposition universelle de 1889. Il résulte de l'enquête faite en 1886, de concert avec M. le Ministre du Commerce et de l'Industrie, que l'établissement que vous dirigez peut être classé, sauf enquête plus complète, parmi ceux qui sont visés ci-dessus.

La présente circulaire a pour objet de préciser les conditions dans lesquelles vous participerez à l'Exposition et de vous indiquer la nature des envois que vous aurez à soumettre au jury d'admission ainsi que la manière de les classer.

Ces envois seront présentés sous quatre titres différents, savoir :

Titre Iᵉʳ : Constructions et aménagements.

Titre II : Monographie de l'école.

Titre III . Programmes et méthodes d'enseignement.

Titre IV : Spécimens des travaux des élèves.

J'entre dans le détail de chacun de ces titres.

TITRE Iᵉʳ.

CONSTRUCTIONS ET AMÉNAGEMENTS.

CHAPITRE Iᵉʳ.

PLANS ET VUES D'ENSEMBLE.

Vous donnerez sur une feuille demi-grand aigle, en vous conformant au modèle qui vous sera envoyé en temps utile :

1° Un plan d'ensemble de l'école et de ses dépendances ;

2° Un plan (à plus grande échelle) du rez-de-chaussée des bâtiments ;

3° Une vue perspective. Sur le modèle vous seront indiquées toutes les dispositions de détail (présentation des dessins, échelles, cadres, titres, etc.) auxquelles vous devez vous conformer.

Ces dessins seront exécutés soit par les élèves, soit par les maîtres, d'après un relevé sur place. Ils seront faits sous la surveillance de l'architecte, qui devra en certifier l'exactitude.

Nota. — Les grands dessins indiqués dans ce titre Ier seront autant que possible expédiés entre deux cartons ou planches, ou à la rigueur roulés sur un cylindre en bois.

CHAPITRE II.

PHOTOGRAPHIES.

Aux dessins ci-dessus indiqués vous joindrez des photographies montrant les aspects extérieurs ou intérieurs de l'établissement, des vues intérieures de salles, d'ateliers, etc., lorsque ces vues présenteront un intérêt réel et particulier.

Il serait intéressant que ces photographies fussent exécutées par les professeurs ou par les élèves, si l'école possède les appareils voulus. S'il en est ainsi, chaque photographie portera discrètement, inscrite dans un angle, la mention : *Exécutée par l'école*. Mais il faudrait alors qu'elles fussent faites avec une perfection suffisante.

C'est pourquoi, dans la majorité des cas, il sera préférable d'avoir recours à un photographe de profession.

Autant que possible les photographies ne devront pas dépasser le format dit *plaque entière* (18^c × 24^c). Elles ne seront pas collées sur carton ni sur bristol, chacune d'elle portera écrit au verso le nom de l'établissement et la désignation de la partie de l'édifice qu'elle représente.

CHAPITRE III.

AMÉNAGEMENTS ET MATÉRIELS SPÉCIAUX.

Dans le cas seulement où vous auriez des salles où des ateliers aménagés en vue d'un enseignement professionnel spécial, dans le cas également ou vous posséderiez un mobilier scolaire (classes ou ateliers) créé spécialement pour votre école sur des modèles originaux, vous les ferez connaître au jury par l'envoi de dessins (géométraux ou perspectifs) et de photographies. En réalité, ces aménagements ayant été imaginés pour permettre de donner un enseignement déterminé, les documents destinés à les faire connaître trouveront leur place au titre III (programmes et méthodes d'enseignement). Par conséquent, ces dessins et ces photographies seront intercalés dans le texte des notes qui vous sont demandées sous ce titre III.

TITRE II.

MONOGRAPHIE DE L'ÉCOLE.

Dans une série de notes écrites vous présenterez cette monographie dans l'ordre suivant :

CHAPITRE Iᵉʳ.

RENSEIGNEMENTS GÉNÉRAUX.

Historique de l'école, son caractère public ou privé, but qu'elle poursuit; principales industries ou principaux besoins de la ville ou de la région qui sont appelés à bénéficier de l'existence de l'école; conseil de patronage ou de surveillance, sa composition en 1887-1888; budgets des années 1886-1887 et 1886-1888; détails sur les ressources pécuniaires (dons ou legs, part de la ville, du département, de l'État, montant des rétributions scolaires), etc.

CHAPITRE II.

FONCTIONNEMENT GÉNÉRAL DE L'ÉCOLE.

(a) *Recensement.* — Population scolaire de chaque année depuis 1878 (externes, internes, demi-pensionnaires). Montant de la rétribution scolaire pour chaque catégorie d'élèves. — Boursiers, demi-boursiers.

(b) *Alimentation.* — Donner les menus certifiés d'une semaine entière pris dans chacune des trois saisons scolaires.

(c) *Service de santé.*

(d) *Habillement.*

(e) *Fournitures.* — Fournitures de classe, fournitures d'atelier ; donner le prix de revient des fournitures scolaires et des fournitures d'atelier pour l'apprentissage complet d'un élève.

CHAPITRE III.

RÉGIME SCOLAIRE.

(a) *Emploi du temps.* — Donner la copie de l'emploi du temps, année par année; le justifier. Entrer dans des détails sur l'organisation (scolaire) des classes, des études, des récréations, des promenades, des visites dans les ateliers extérieurs, etc.

(b) *Régime disciplinaire.* — Système adopté pour les récompenses et pour les punitions.

(c) *Régime pédagogique.* — Les classes, les études, les interrogations, les devoirs, les compositions, les classements, le travail dans les ateliers, etc.

(d) *Cahiers de correspondance.* — En donner un spécimen.

(e) *Les bibliothèques.* — Leur organisation et leur fonctionnement.

Les catalogues de ces bibliothèques.

CHAPITRE IV.

RÉSULTATS GÉNÉRAUX.

Donner la liste des élèves sortis de l'école depuis dix ans avec la position de chacun d'eux. Annuaire des anciens élèves (s'il en existe). Projets d'extension, avenir de l'école, etc.

TITRE III.

PROGRAMMES ET MÉTHODES D'ENSEIGNEMENT.

Dans tout établissement d'ordre professionnel, une part suffisante doit être faite à l'enseignement général. Vous aurez donc soin de bien distinguer les deux ordres d'enseignement (général ou professionnel) dans les chapitres qui suivent.

CHAPITRE Ier.

PERSONNEL DE L'ÉCOLE.

Personnel administratif, personnel enseignant, personnel auxiliaire; appointements; temps donné hebdomadairement par chaque professeur, répétiteur, maître d'études, chef ou sous-chef d'atelier, contremaître, etc. Les renseignements seront donnés sous forme de tableaux; une note justificative les accompagnera, s'il y a lieu.

CHAPITRE II.

ENSEIGNEMENT GÉNÉRAL [1].

Langue française, langues étrangères, etc., dessin d'imitation et dessin géométrique.

CHAPITRE III.

ENSEIGNEMENT PROFESSIONNEL.

(*a*) *Cours théoriques* faits spécialement en vue des applications professionnelles, commerce et comptabilité, physique, mécanique et chimie appliquées, technologie, dessin professionnel [artistique (céramique, broderie, etc.) ou géométrique (bâtiment et construction); mécanique, etc.].

(*b*) *Applications*. — Travail manuel, travail d'atelier. . . . , etc.

Entrez pour le chapitre III (*a* et *b*) dans autant de détails qu'il sera nécessaire pour faire comprendre la marche de votre établissement au point de vue professionnel. C'est surtout dans ce chapitre III que se placeront les photographies et les dessins prévus au titre I, chapitre III; s'efforcer de donner des photographies d'ateliers en activité, avec les élèves.

CHAPITRE IV.

ÉCOLES MÉNAGÈRES DE JEUNES FILLES.

(Note communiquée par Mme Schéfer.)

Économie domestique. — Classes ménagères.

Dans les écoles professionnelles qui s'intitulent en même temps écoles ménagères, on devra joindre aux divers programmes d'enseignement général un programme spécial d'hygiène et d'économie domestique avec leurs applications.

Ce programme sera divisé en deux parties :

1° L'enseignement théorique comprenant les leçons d'hygiène et d'économie domestique;

2° L'enseignement pratique ou application du cours théorique à la cuisine, aux travaux du ménage (nettoyages, blanchissage, raccommodage, etc.).

---

[1] Il est bien entendu que l'enseignement se donne d'après les programmes officiels de l'enseignement public (ordre primaire ou ordre primaire supérieur).

Dans cette deuxième partie du programme trouveront place :

1° La liste du matériel nécessaire au cours d'application;

2° Les menus journaliers du cours de cuisine ;

3° Les carnets d'élèves consignant les différentes opérations exécutées au cours pratique et les prix de revient de ces opérations.

La directrice devra faire suivre ces programmes d'une note explicative indiquant l'organisation de ces cours pratiques, le mode d'enseignement, le nombre des professeurs et les résultats obtenus depuis leur création.

(Observations générales relatives à la rédaction de ces notes.)

1° Les chapitres des titres I et II seront, bien entendu, rédigés par vous et présentés au jury sous votre responsabilité entière. Néanmoins, pour les chapitres II, III et IV du titre III, vous ferez bien de demander à chacun de vos professeurs un programme et tout un rapport détaillé sur son enseignement; mais il est bien entendu que ce ne sera pour vous qu'un document et que ces mémoires rédigés par les professeurs ne me seront pas envoyés.

2° Les divers enseignements, qu'ils soient d'ordre général ou d'ordre professionnel, comportent des leçons (dont les chapitres précédents donneront les programmes détaillés) et des compositions mensuelles, bi-mensuelles ou trimestrielles qui en sont comme les termes successifs. Vous joindrez à ces programmes, en les mettant à la place qu'elles doivent y occuper, les compositions données *par leurs énoncés* seulement. Vous choisirez celles de l'année 1887-1888.

Les compositions elles-mêmes, c'est-à-dire les travaux des élèves, figureront au titre IV.

CHAPITRE V.

LIVRES ET MODÈLES.

(a) Enseignement général. — Cet enseignement devant se donner d'après les programmes officiels, vous vous contenterez de m'indiquer les livres que vous recommandez aux élèves pour les différents cours mentionnés ci-dessus (chapitre II). Vous n'enverrez pas les livres eux-mêmes. L'enseignement général des deux genres de dessin est dans le même cas. Il doit se donner d'après les modèles de la série officielle. Les professeurs se contenteront d'indiquer, pour chaque phase de leur enseignement, les modèles dont ils se servent.

D'ailleurs les travaux des élèves feront foi.

(b) Enseignement professionnel. — Les livres et les modèles à

adopter pour l'enseignement professionnel n'ont pas fait jusqu'ici et ne sauraient faire l'objet de prescriptions officielles. La variété des enseignements professionnels, la personnalité des maîtres à respecter dans cet ordre de choses, plus que dans tout autre peut-être, s'opposent à ce que de pareilles mesures soient prises. Néanmoins, et par cela même, cette partie de l'exposition pourra présenter un grand intérêt dû surtout à la variété des spécimens qui seront exposés.

On peut dire avec raison que, dans l'enseignement professionel, chaque professeur est le créateur de sa méthode.

C'est pourquoi vous indiquerez et vous enverrez dans cette partie du chapitre V les livres qui ont été composés ou les notes qui ont été rédigées par vos professeurs.

S'ils ont créé des modèles de quelque nature qu'ils soient, vous les signalerez; vous en demanderez les croquis sommaires avec indication de leurs dimensions, accompagnés d'explications, au besoin, et vous les intercalerez dans le texte.

Je me réserve, sur l'avis favorable du jury d'admission et sur le vu de ces croquis, de vous demander de m'envoyer les modèles euxmêmes [1].

TITRE IV.

TRAVAUX DES ÉLÈVES.

CHAPITRE Iᵉʳ.

ENSEIGNEMENT GÉNÉRAL.

NOTE. — Pour ce chapitre (I du titre IV) enseignement général, la 4ᵉ Sous-Commission croit devoir s'en rapporter aux décisions qui seront prises par la Sous-Commission de l'enseignement primaire et de l'enseignement primaire supérieur. Toutefois, d'une part, pour l'enseignement général du dessin, elle estime qu'il y a lieu de prendre pour base le projet ci-joint de circulaire rédigé par M. Pillet et,

---

[1] Cette observation s'applique à toute espèce de modèle d'enseignement professionnel (construction, charpente, menuiserie, mécanique, confection, broderie, fleurs artificielles, céramique, etc.).

d'autre part, pour les travaux de couture en général, la note ci-jointe rédigée par M. Schéfer [1].

CHAPITRE II.

ENSEIGNEMENT PROFESSIONNEL.

(*a*) *Notes prises au cours.* — Les cours théoriques destinés à préparer les applications donneront lieu à des envois analogues à ceux du chapitre I et faits sous la même forme.

(*b*) *Copies et compositions.* — De même.

(*c*) *Travaux professionnels proprement dits.* — Si l'on excepte les travaux de comptabilité qui se présenteront sous la forme écrite, comme les précédents, les applications professionnelles seront présentées soit sous la forme de dessins d'exécution ou maquettes, soit sous la forme d'objets exécutés. Vous n'enverrez aucun objet en nature sans en avoir reçu l'invitation spéciale; mais dans un dossier pour chaque cours d'application, vous adresserez au jury les dessins

---

[1] Pour les travaux de *couture et coupe,* note spéciale communiquée par Mme Schéfer :

ENSEIGNEMENT GÉNÉRAL. — COUTURE ET COUPE.

Si, dans les cours complémentaires et dans les écoles supérieures, la couture et la coupe font partie des matières de l'enseignement général, à plus forte raison, dans l'école professionnelle, tiendront-elles une place importante, puisqu'elles développent l'adresse des doigts et servent de bases à la plupart des états manuels des femmes.

Nous invitons donc Mmes les directrices des établissements professionnels à réunir les travaux de couture courante et les compositions mensuelles et trimestrielles des cinq premières élèves d'une classe pendant les trois années d'apprentissage, afin qu'il soit possible de suivre les progrès d'une même élève depuis son entrée dans l'école jusqu'à sa sortie.

A ce premier classement on pourra joindre la confection d'un album contenant les meilleures compositions d'élèves classées dans l'ordre du programme.

Toutes les fois qu'il sera possible on devra annexer à ces travaux les dessins ayant servi à leur confection, tels que ceux exécutés au tableau noir par le professeur chargé de la leçon de couture; cette union de la théorie à la pratique présentera un grand intérêt à la Commission.

Cette dernière observation s'applique à plus juste titre encore aux objets de confection ou de lingerie exécutés à la leçon de coupe : ces objets devront toujours être accompagnés des tracés de patrons (dessinés d'après une méthode scolaire de coupe) qui ont servi à les tailler.

Toutefois, il sera bon d'informer à l'avance la Commission des dimensions que l'on compte donner aux objets confectionnés afin qu'elle puisse, d'après la place dont elle dispose, accepter ces objets de grandeur naturelle ou demander des réductions.

qui ont dû forcément précéder l'exécution des objets. Tous ces dessins seront à une échelle déterminée et cotés afin que l'on puisse se rendre compte des dimensions absolues des pièces elles-mêmes; ce qui est indispensable pour permettre au jury de juger par avance des espaces qui seront nécessaires pour leur exposition.

De plus, ces dessins donneront au jury d'admission la preuve que l'enseignement professionnel se donne dans votre école comme il convient, c'est-à-dire en prenant pour base le dessin. Ils lui permettront, de plus, de juger de la valeur des spécimens dont vous proposez l'envoi.

Ces dessins (maquettes, dessins d'exécution, etc.) devront donc être aussi soignés et aussi complets que possible, puisqu'ils entraîneront l'admission ou le refus des objets.

Note. — D'autres circulaires régleront les questions de détail. Vous devrez préparer dès maintenant la rédaction du titre II qui vous incombe entièrement; vous saisirez immédiatement MM. les professeurs du travail qu'ils auront à vous fournir pour vous permettre de réaliser ce qui est indiqué aux autres titres.

Le 3o juillet 1887, au plus tard, vous m'enverrez une note très sommaire qui sera comme un inventaire présumé de l'exposition que vous comptez faire en vous conformant à la présente circulaire.

Le Rapporteur de la 4ᵉ Sous-Commission,
Marcel LAMBERT.

PROJET DE CIRCULAIRE SPÉCIALE

relative aux envois des travaux de dessin.

I. INTRODUCTION.

M. . . . .

L'enseignement du dessin se donne dans les écoles professionnelles à deux points de vue différents, soit qu'on le considère comme faisant partie des études générales, comme dans toute école primaire ou école normale, soit qu'on l'envisage comme faisant partie intégrante de l'enseignement professionnel proprement dit.

Dans le premier cas, il doit être donné en se conformant strictement aux programmes officiels, et les instructions relatives à la manière dont vous aurez à m'en présenter les résultats ont un caractère général; elles sont les mêmes pour toutes les écoles d'ordre primaire; dans le second cas, il ne saurait être fixé par des programmes officiellement imposés et, par conséquent, je ne saurais vous tracer à l'avance, d'une manière absolument impérative, le cadre dans lequel vous aurez à placer votre exposition.

2. Enseignement général.

Le dessin au point de vue de l'enseignement général.

Je répète qu'il doit être enseigné dans votre école, comme d'ailleurs dans toutes les écoles d'ordre primaire, d'après les programmes officiels.

3. Classes élémentaires (DESSIN D'IMITATION).

(*a*) Si vous avez des classes répondant au cours élémentaire et au cours moyen des écoles primaires, je vous rappelle que, pour le dessin d'imitation, ce sont les quatre premiers paragraphes du programme général qu'il faut y appliquer; ils sont ainsi conçus :

4. LES PROGRAMMES.

§ 1. Tracé et division de lignes droites en parties égales. Évaluation des rapports de lignes droites entre elles.

§ 2. Reproduction et évaluation des angles et des pentes.

§ 3. Principes élémentaires du dessin d'ornement. Circonférences, polygones réguliers, rosaces étoilées...

§ 4. Courbes régulières autres que la circonférence : spirales, volutes; courbes empruntées au règne végétal, tiges, feuilles, fleurs.

Dans ces classes, les élèves doivent dessiner d'après les modèles muraux, reproduisant des figures ou des ornements à deux dimensions, mais jamais des objets en relief.

5. COLLECTIONS DE DESSINS.

Vous pourrez me présenter, soit sous forme de feuilles détachées, de même format, réunies en dossier, soit sous forme de cahiers, des collections complètes des dessins exécutés par une classe. Néanmoins c'est à la condition expresse que l'enseignement aura été collectif, c'est-à-dire que tous les élèves de la même classe auront exécuté ensemble les mêmes dessins.

6-7. Dessin de mémoire. — Couverture du dossier.

Vous me présenterez deux de ces collections pour chaque classe. Une d'elles pourrait être une série de dessins exécutés de mémoire. La couverture qui les contiendra portera, outre l'indication de l'école et de la classe, la liste des élèves par ordre de classement en dessin; vous y ajouterez la mention suivante : *Le directeur, soussigné, certifie que tous les élèves portés sur la liste ont exécuté, en même temps, les dessins contenus dans cette enveloppe.*

8. Dessins qui seront refusés.

Le jury refusera :

1° Les dessins sur papier quadrillé;

2° Les collections dans lesquelles le modèle sera placé sur la même feuille que la copie;

3° Celles dans lesquelles seront représentés des objets à trois dimensions exécutés autrement que d'après nature et celles dans lesquelles ces objets, même copiés d'après nature, seront figurés en perspective cavalière [1];

4° Les dessins exécutés autrement qu'à main levée.

9. Classes moyennes et supérieures (Dessin d'imitation).

(*b*) L'enseignement du dessin d'imitation doit s'y donner d'après les paragraphes 5, 6, 7 et suivants du programme général, lesquels comprennent les éléments du dessin géométral et ceux de la perspective *d'observation*, le dessin des solides géométriques, de fragments d'architecture, d'ornement en relief... Dans les écoles d'ordre supérieur, on aborde l'étude de la tête et même celle de la figure humaine.

10. Format des dessins.

Vous n'enverrez que des dessins exécutés d'après des modèles en relief, et *collectivement*. Ils seront exécutés sur papier de même es-

---

[1] La perspective cavalière, prohibée dans l'enseignement du dessin d'imitation, est acceptée exceptionnellement dans le dessin géométrique et dans le dessin industriel pour représenter des détails de construction, de mécanique, etc.

pèce (papier Ingres blanc ou gris très clair) et de même format (soit la feuille entière 45ᶜ × 60ᶜ, soit la demi-feuille, 30ᶜ × 45ᶜ). Les dessins sur feuille entière seront pliés en deux, de telle sorte que toute la collection puisse tenir dans un carton du format demi-raisin.

11. Enseignement collectif.

Vous n'ignorez pas que l'enseignement doit être collectif, ce qui veut dire que les élèves d'une même classe doivent être groupés, en nombre aussi grand que possible, autour d'un modèle en relief, et qu'ils doivent le dessiner dans le même temps. Autrement dit, chaque dessin constitue comme une sorte de concours exécuté par 10, 15, 20... élèves à la fois. Les compositions sont des dessins faits en général à la fin de chaque trimestre, mais dans les mêmes conditions. Tous les dessins comptent pour les classements trimestriels, seulement les notes de la composition y entrent avec un coefficient spécial, double, triple, quadruble..., suivant l'importance que veut lui attribuer le professeur.

12. Dossiers à constituer.

Votre exposition de dessins doit nous donner la preuve que vous obéissez à ces prescriptions : à cet effet, pour chaque classe, vous constituerez un dossier dans lequel chaque concours et chaque composition seront représentés par un spécimen pris parmi les dessins de l'un des cinq premiers élèves du cours. Vous ne choisirez pas toujours le même élève.

La couverture du dossier, outre l'indication de l'élève et de la classe, portera :

1º La copie des paragraphes du programme officiel auxquels se rapportent les dessins;

2º La liste des élèves par ordre de classement (avec leur âge).

13. Mentions à placer.

Dans le dossier vous placerez une copie du registre des notes dont je vous parle plus loin (aux nᵒˢ 19 et 20).

Chaque dessin portera, outre le nom de l'élève, les indications suivantes :

Désignation de l'école et de la classe.	Classé le sur élèves.
Nom du professeur.	Note de mérite (de 0 à 20) et de plus
Commencé le	la mention :
Remis le	«Certifié fait entièrement de la main
Durée du travail heures.	de l'élève : Le professeur, »
	Signé :

Les corrections faites par le professeur seront bien apparentes et, autant que possible, indiquées au crayon de couleur. Dans l'appréciation des résultats, le jury tiendra grand compte de la sincérité et de la justesse de ces corrections.

14. Compositions.

Les compositions doivent être corrigées et notées conformément aux instructions de la circulaire ministérielle du 3 mai 1883. Je vous en remémore les termes principaux en vous priant de la relire : « On doit donner d'abord un numéro de mérite pour la mise en place et pour la justesse de la représentation : cette note est multipliée par le coefficient 2.

« On apprécie ensuite l'habileté dans l'exécution. La note qui en résulte a pour coefficient l'unité. On prend enfin la moyenne arithmétique de ces notes. »

(Exemple : mise en place, $12 \times 2 = 24$; exécution, $16 \times 1 = 16$. Total, 40. Moyenne, 13,3.)

Dessin géométrique.

(c) En tant qu'enseignement général, le dessin géométrique doit, lui aussi, se donner d'après le programme officiel. (Voir le programme des écoles primaires, des écoles normales et des écoles primaires supérieures.)

15. Carnets de croquis.

Le professeur doit faire (au tableau) des leçons orales, leçons pendant lesquelles les élèves prennent des notes et surtout des croquis sur un carnet spécial.

Vous m'enverrez deux de ces carnets de croquis par chaque cours.

16. Dessins au net.

C'est d'après ces croquis que les élèves doivent exécuter les dessins au net et jamais, sauf des cas exceptionnels, d'après des modèles graphiés qui n'auraient pas fait l'objet d'une leçon collective, avec croquis au tableau par le maître.

L'enseignement doit donc être absolument collectif ; c'est de lui, et de lui seul, que vous devez me donner la preuve par votre envoi.

En conséquence, vous constituerez vos dossiers de dessin géométrique comme ceux de dessin d'imitation. (Voir plus haut nᵒˢ 12, 13 et 14.)

17. Dessins faits en plus des dessins du cours.

Exceptionnellement vous pourrez, sous une couverture spéciale et dans le même dossier, placer des dessins exécutés, en dehors de ceux qui constituent l'enseignement collectif, par les élèves les plus habiles ou les plus rapides comme exécution. Mais, dans tous les cas, ces dessins seront refusés s'ils ne sont pas une application directe des programmes de la classe dont font partie les élèves qui les ont faits.

De plus, chacun d'eux portera la mention suivante : « Le directeur, soussigné, certifie que l'élève qui a fait ce dessin a exécuté la série complète des dessins réglementaires du cours [1]. »

18. Formats et cadres.

Comme présentation des dessins, vous vous arrêterez rigoureusement aux dimensions qui sont indiquées ci-dessous :

FORMATS.	DIMENSIONS du CADRE.	DIMENSIONS de LA FEUILLE une fois coupée.	OBSERVATIONS.
1/8 grand aigle.....	18ᶜ × 24ᶜ ou 20 × 26	24ᶜ × 32ᶜ	S'appliquera à la grande majorité des dessins.
1/4 grand aigle.....	24ᶜ × 40ᶜ ou 26 × 42	32ᶜ × 48ᶜ	
1/2 grand aigle.....	40ᶜ × 34ᶜ ou 42 × 56	48ᶜ × 64ᶜ	Exceptionnel. — Alors la feuille sera pliée en deux.

19. Mesures d'ordre.

Nota. — Toutes ces collections de dessins seront envoyées dans un ou plusieurs cartons du format demi-raisin.

20. Feuilles de notes. — Classements

(d) *Registres des notes.* — Les instructions ministérielles qui ont précédé l'inspection de 1884 prescrivent à chaque professeur de dessin d'avoir un registre sur lequel sont consignées toutes les notes données pour les exercices et pour les compositions.

---

[1] Ces observations s'appliquent aussi à des collections de dessin d'imitation composées de travaux exécutés en plus des exercices réglementaires.

Voici un spécimen de ces registres, emprunté à quelques établissements similaires du vôtre.

ÉCOLE PROFESSIONNELLE   COURS DE DESSIN D'IMITATION.
           de   Classe de 3ᵉ année.

NOMS DES ÉLÈVES. (Coefficient.)	ÀGE.	1 DENTI- CULES. 1	2 PERLES et pirouettes. 1		6 CHAPITEAU dorique. 1
X.................	14 ans.	10	13	....	12
Y.................	13 1/2.	8	11	....	10
Z, etc...........	14.	12	(non dispensé).	....	(dispensé).

ANNÉE 1885-1886.   PROFESSEUR
      1ᵉʳ trimestre.   M. N***

COMPOSITION. ROSACE nº 1304. 4	TOTAL (10)	CLASSEMENT. MOYENNE.	CLASSÉ le	APPRÉCIATIONS pour LE TRIMESTRE.
8 × 4 = 32.	112	11,2	4ᵉ	En progrès.
6 × 4 = 24.	85	8,5	15ᵉ	Élève dissipé, etc.

COURS DE DESSIN GÉOMÉTRIQUE.

NOMS DES ÉLÈVES. (Coefficient.)	ÀGE.	1 Un CARRELAGE.		2 Une RELIURE.			6 CYLINDRE (lavis).	
		Croquis	Net	Croquis	Net		Croquis	Net
X.............	14 ans.	12	14	13	13	....	14	15

COMPOSITION. DEUX CYLINDRES intersection. 8 (lavis).	TOTAL. 20	CLASSEMENT. MOYENNE.	CLASSÉ le	APPRÉCIATIONS pour LE TRIMESTRE.
13 × 8 = 104.	200	14,5	2ᵉ	....

Vous pourrez faire établir les registres de notes d'après les modèles ci-dessus ou d'après un modèle analogue. Dans tous les cas, vous joindrez à chacun des dossiers de dessins spécifiés dans la présente circulaire (n°s 12 et 16) une copie des feuilles de ces registres se rapportant à la classe dont le dossier renferme les travaux.

Sur ces feuilles les notes des dessins qui figurent au dossier seront soulignées à l'encre de couleur.

LE DESSIN AU POINT DE VUE DE L'ENSEIGNEMENT PROFESSIONNEL.

Sauf pour la comptabilité, le dessin est l'auxiliaire puissant, indispensable de l'enseignement professionnel; mais il ne saurait faire l'objet d'un programme général; chaque profession en fait l'application qui lui convient.

Je vous laisse donc la plus grande latitude pour composer les collections de dessins s'appliquant spécialement à l'enseignement professionnel. Cependant je pose en principe que tout objet matériel exécuté par vos élèves doit être accompagné des maquettes, croquis, dessins d'exécution qui en ont préparé la création, et le jury refusera tout objet qui ne serait pas dans ce cas.

Si votre école possède des ateliers de travail, vous ferez bien de m'envoyer quelques spécimens des carnets d'attachements tenus par les élèves.

Le jury accueillera très favorablement les relevés géométraux faits en dehors de l'école, dans des ateliers, ou d'après des monuments de la région; par contre, des copies serviles d'images, ordinairement mauvaises, seront mal reçues.

En un mot, les dessins que vous proposerez d'admettre sous le couvert de l'enseignement professionnel devront justifier ce titre et sortir de la banalité.

Il serait intéressant de posséder des travaux de vacances ou des journaux de mission, si quelques-uns de vos élèves ont été gratifiés de bourses de voyage.

5ᴱ SOUS-COMMISSION.

ÉCOLES NORMALES.

———

Président : M. Jacoulet.

Secrétaire : M. B. Buisson.

RAPPORT

de la 5ᵉ Sous-Commission à la Commission générale.

————

N. B. — Pour faciliter la discussion, on donne ci-dessous les divisions générales du rapport :

Préliminaires. Monographies d'écoles normales.

Titre Iᵉʳ. — Installation matérielle.

1. Plans d'ensemble.

2. Plans et vues de détail.

3. Plan horizontal réduit.

4. Spécimens de mobilier usuel, de mobilier scolaire et d'outillage d'enseignement.

Instructions détaillées sur le titre I (*a, b, c, d*).

Titre II. — Méthodes d'enseignement.

1. Notice sur le régime intérieur.

2. Copie ou abrégé du catalogue de la bibliothèque.

3. Notices par les professeurs sur leur méthode d'enseignement.

Instructions détaillées sur le titre II (*a, b, c*).

N. B. — Mesures d'ordre.

Titre III. — Travaux d'élèves-maîtres et d'élèves-maîtresses.

1. Spécimens de cahiers de notes.

2. Collection de devoirs et compositions.

3. Collection de dessins.

4. Spécimens de préparations d'histoire naturelle.

5. Spécimens de travaux manuels.

6. Notice sur les travaux d'agriculture.

Instructions détaillées sur le titre III (a, b, c, d, e, f).

Titre IV. — Écoles annexées.

1. École annexe (primaire).

2. École maternelle annexée.

Titre V. — Écoles normales supérieures d'enseignement primaire.

Note générale.

Conclusion et vœux relatifs à l'exposition de l'Administration centrale.

MESSIEURS,

La 5e Sous-Commission vous propose d'adopter les résolutions suivantes en ce qui concerne la part que les écoles normales devront prendre à l'Exposition universelle de 1889.

PRÉLIMINAIRES.

Demander à chaque directeur ou directrice d'école normale une monographie de cette école, formant fascicule séparé.

> (*Instruction relative à cette monographie :* L'historique devrait remonter autant que possible jusqu'aux origines de l'établissement; en faire ressortir le caractère individuel; insister sur les efforts tentés par le personnel dirigeant et enseignant aux époques où l'institution était le moins encouragée; mentionner les translations, restaurations ou reconstructions de bâtiments, les modifications principales des règlements et plans d'études, etc.: rappeler les noms des directeurs, maîtres ou élèves qui auraient particulièrement honoré l'école et des personnes étrangères à l'établissement qui auraient contribué à son développement: toutes gravures ou photographies, se rattachant directement à l'historique de la maison, que l'on pourrait intercaler dans le texte de la notice en augmenteraient l'intérêt et l'attrait.)

TITRE 1er.

INSTALLATION MATÉRIELLE.

Demander à chaque directeur et directrice d'école normale :

1° Une représentation d'ensemble de l'établissement;

2° Des plans et des vues de détail;

3° Un plan horizontal réduit;

4° Des spécimens de *mobilier usuel*, de *mobilier scolaire* et de *matériel d'enseignement*.

Instructions relatives au titre Iᵉʳ.

(*a*) *Représentation d'ensemble.* — Cette représentation d'ensemble de bâtiments d'écoles normales pourra consister soit en *plans généraux* (façade, coupe, élévation) exécutés à une grande échelle lors de la construction de l'école, soit en *plans-reliefs,* soit en *vues photographiques.*

Les plans généraux (admissibles seulement quand il s'agit d'écoles installées dans de très bonnes conditions) devraient être présentés sur des châssis pour être exposés le long des parois. Les directeurs et directrices, s'ils ne les possèdent pas dans leurs archives, pourront se les procurer sans doute en s'adressant aux bureaux de la préfecture ou à l'architecte qui a construit l'école. Bien entendu, cet envoi ne serait pas obligatoire.

S'il existait ou s'il était possible de faire exécuter un plan-relief de l'école (de petites dimensions), cette représentation, à condition qu'elle fût bien faite, aurait toute chance d'être accueillie ; mais ce mode de participation reste facultatif.

A défaut de plans généraux ou de reliefs, ou concurremment avec ces représentations, les directeurs et directrices seront tous invités à faire prendre, s'ils n'en possèdent pas déjà, des vues *photographiques d'ensemble* de leur établissement; il est désirable que ces vues soient, autant que possible, du format dit *plaque entière* (0ᵐ18 sur 0ᵐ24) et collées sur bristol. Si elles sont exécutées par les élèves, mention en sera faite; elles porteront en caractères apparents le nom de l'établissement.

(*b*) *Plans et vues de détail.* — Pour les parties d'installation (types de dortoir, chambrettes d'élèves, privés, préaux, laboratoire, atelier, gymnase, salle de conversation et de lecture, etc.) qui pourraient être figurées aussi soit par des plans, soit par des reliefs de dimensions très réduites, soit par des vues photographiques, n'envoyer absolument que des choses qui pourront prétendre par quelque côté à une originalité et à une excellence réelles. Joindre à ces envois, s'il en existe, des groupes d'élèves à l'atelier de travail manuel, au gymnase, au champ d'expérience, etc. — Joindre à chaque objet une légende explicative en double exemplaire : l'un qui sera exposé avec l'objet, l'autre qui servira à la confection du catalogue et sera ensuite réuni au dossier préparé pour le jury. Les directeurs et directrices pourront, s'ils le jugent à propos, suggérer ou faire eux-mêmes de leurs envois le groupement qu'ils estimeront le meilleur, en tenant compte des conditions de l'emplacement, dont ils seront ultérieurement avisés.

6.

(*c*) *Plan horizontal réduit.* — Toutes les écoles devront fournir en outre un plan horizontal à une échelle réduite, d'après un modèle qui leur sera envoyé par les soins de l'Administration avec toutes les indications nécessaires pour l'exécution. Ce plan devrait être, autant que possible, exécuté par les élèves-maîtres. La Commission propose de réunir ces plans de même format en un ou plusieurs albums.

(*d*) *Spécimens de mobilier usuel, de mobilier scolaire et de matériel d'enseignement.* — La 5ᵉ Sous-Commission, pensant qu'il y a intérêt à faire figurer à l'exposition, sinon tout ce qui compose le matériel des écoles normales, du moins tout ce qui, tant dans leur mobilier usuel et scolaire que dans leur outillage d'enseignement, pourrait présenter un caractère d'originalité ou de nouveauté, propose d'inviter les directeurs et directrices d'écoles normales à lui signaler, avant le 1ᵉʳ janvier 1888, les objets se rattachant à l'aménagement des dortoirs, réfectoires, chambres de maîtres et d'élèves, salles d'études et de classe, amphithéâtres de dessin, musées, etc., qui leur paraîtraient offrir ce caractère. Une description sommaire ou un croquis avec légende explicative accompagnerait ces lettres d'avis ; la Commission ferait un choix parmi les objets signalés à son attention et en demanderait ultérieurement l'envoi.

En ce qui concerne le matériel d'enseignement, ne signaler que des objets en dehors des concessions du Ministère ; ces concessions seraient sans doute exposées par l'Administration centrale elle-même.

TITRE II.

MÉTHODES D'ENSEIGNEMENT.

Demander aux directeurs et directrices des écoles normales de préparer sur ce point pour l'exposition :

1° Une notice spéciale sur le régime intérieur de l'école ;

2° Une copie ou abrégé du catalogue de l'école ;

3° Des notices sur les méthodes d'enseignement.

Instructions relatives au titre II.

(*a*) *Notice sur le régime intérieur,* formant fascicule séparé et comprenant, *en premier lieu,* des détails sur le régime intérieur (alimentation, spécimens de menus, soins d'hygiène et de propreté, emploi des récréations, etc.) ; *en second lieu,* le règlement de l'école (mode de surveillance, moyens d'émulation, nombre d'heures réservées chaque semaine à l'étude libre, aux lectures faites séparément ou en commun, méthode de travail des élèves en classe) ; rédigent-ils des cours, et quels cours ? prennent-ils des notes, que deviennent ces notes ? rôle du livre dans l'enseignement, système d'interrogations, de revision ; examens de passage, réunions des professeurs et conférences pédagogiques par les élèves-maîtres.

En ce qui concerne les récréations, la 5ᵉ Sous-Commission souhaite que l'on insiste particulièrement sur l'emploi du jeudi et du dimanche, sur les arrangements adoptés pour les promenades et excursions botaniques, entomologiques, géologiques, les visites aux usines, musées, exploitations agricoles et monuments; que l'on mentionne aussi à part, outre les associations littéraires ou musicales qui peuvent exister, les *jeux de force et d'adresse* auxquels peuvent se livrer les élèves-maîtres, en s'organisant et en se soumettant spontanément à un entraînement régulier, en vue de propager plus tard parmi les écoliers ces habitudes de *self-government* et de discipline volontaire que, dans certains pays, les jeux scolaires contribuent puissamment à faire acquérir aux enfants.

A ce propos, la Commission estime même que si, pendant le cours de l'année 1887-1888, les directeurs d'écoles normales appartenant à des départements limitrophes pouvaient s'entendre, avec l'autorisation de l'Administration, pour laisser les élèves-maîtres organiser d'école à école des concours soit de gymnastique et d'exercices athlétiques, soit de paume, de tamis, tennis, cricket même ou de tel autre jeu ou sport en honneur dans la région, il y aurait lieu de rendre compte à l'exposition des résultats de ces essais.

En tête de la notice sur le régime intérieur figurera un tableau de *l'horaire ou emploi du temps,* avec la répartition hebdomadaire des cours et une récapitulation du nombre d'heures consacrées à chaque matière d'enseignement par semaine et par an dans les trois promotions.

(*b*) *Copie ou abrégé du catalogue de la bibliothèque de l'école,* à laquelle il serait bon de joindre, si possible, le relevé, pour chaque matière d'enseignement, des ouvrages les plus en usage et, pour la bibliothèque générale, des *livres de lecture* qui ont les préférences des élèves.

(*c*) *Notices sur les méthodes d'enseignement.* — Les directeurs et directrices inviteront les professeurs à préparer un exposé succinct de la méthode qu'ils emploient dans leurs cours. On s'attachera surtout à mettre en évidence les procédés adoptés pour les enseignements nouveaux, tels que la psychologie, l'instruction morale et civique, les langues vivantes, les sciences physiques et naturelles, les manipulations, le dessin, le modelage, les travaux manuels, l'économie domestique, etc. Plus ces notices ressembleront à des résumés, à des tableaux et rendront en quelque sorte saillantes aux yeux les idées, les choses principales, plus elles auront chance d'être consultées et comprises.

Joindre à chaque notice ou mémoire la *liste des sujets de compositions et les textes des principaux devoirs écrits* donnés par le professeur dans le cours de l'année 1887-1888.

MESURES D'ORDRE.

N. B. Les monographies d'écoles normales, les copies de catalogues et autres notices demandées ci-dessus devront être écrites sur papier de même format (o^m 31 de hauteur sur o^m 21 de largeur, avec double marge à gauche et à droite, celle de gauche ayant o^m o4 et celle de droite o^m o2). Chacun de ces documents, qui devront être séparables pour permettre au jury, s'il y a lieu, la comparaison des similaires, sera enfermé dans une reliure mobile portant en caractères apparents le nom de l'école et le titre du fascicule.

TITRE III.

TRAVAUX D'ÉLÈVES-MAÎTRES ET ÉLÈVES-MAÎTRESSES.

Demander aux directeurs et directrices d'envoyer à l'exposition :

1° Des spécimens de cahiers de notes prises aux cours;

2° Une collection de devoirs et compositions;

3° Une collection de dessins;

4° Des spécimens de préparations d'histoire naturelle;

5° Des spécimens de travaux manuels;

6° Une notice sur les travaux agricoles.

Instructions relatives au titre III.

(*a*) *Travaux d'élèves-maîtres et d'élèves-maîtresses.* — Envoyer pour chaque cours professé à l'école un cahier de notes prises au cours. Ces cahiers seront choisis parmi ceux des cinq premiers élèves de chaque promotion.

Indiquer sur la couverture, afin de prévenir toute confusion dans l'esprit du visiteur ou des membres du jury, qu'il s'agit simplement de notes de premier jet, non recopiées.

(*b*) *Collection de devoirs et de compositions.* — Envoyer une collection des devoirs et compositions de l'année 1887-1888 correspondant, pour les trois promotions, aux listes de textes et sujets mentionnés ci-dessus (titre II, instruction *c*). Envoyer les devoirs tels qu'ils ont été rendus par le professeur à l'élève. Enfermer chaque catégorie de devoirs dans une reliure mobile, portant le nom de l'école et la désignation de la branche particulière d'étude, et séparer les devoirs par promotion en les groupant dans une chemise sur laquelle on mentionnera avec précision les conditions suivant lesquelles les travaux ont été exécutés.

(*c*) *Dessins.* — Les dessins d'imitation devront être exécutés sur papier de même nature et de même format (papier Ingres blanc ou gris très clair, feuille entière o^m 45 sur o^m 6o, ou demi-feuille o^m 3o sur o^m 45).

Les dessins *géométriques* seront faits sur feuilles des formats suivants :

1/8 grand aigle (o^m 24 sur o^m 48);

ou 1/4 grand aigle (o^m 32 sur o^m 48);

ou 1/2 grand aigle (o^m 58 sur o^m 64).

La Commission ne pourra accepter que des dessins faits conformément aux programmes officiels.

Envoyer surtout des spécimens de dessins exécutés simultanément par des groupes d'élèves, de façon à montrer la série progressive d'exercices et de compositions de l'année. Envoyer aussi, pour une composition, la totalité des travaux.

(*d*) *Spécimens de préparations d'histoire naturelle.* — Spécimens d'herbiers et de collections de minéralogie préparés par les élèves-maîtres et qu'ils emportent ensuite pour s'en servir dans leur enseignement. Collections d'insectes ; résultats d'analyses chimiques et autres préparations ; collections technologiques, etc...

(*e*) *Spécimens de travail manuel.* — Préparer des spécimens de travaux de bois, de fer, de plâtre et autres travaux exécutés par les élèves-maîtres ; instruments simples pour les démonstrations de physique et les expériences de chimie, etc. Mais le choix des spécimens qui devront figurer à l'exposition ne serait fait par l'Administration que vers la fin de l'exercice 1887-1888, à la suite de l'inspection générale.

Même observation en ce qui concerne les travaux de couture, coupe et assemblage et autres ouvrages de femmes exécutés par les élèves-maîtresses.

(*f*) *Note faisant connaître les travaux d'agriculture et d'horticulture exécutés par les élèves-maîtres, avec les résultats obtenus.* — Spécimens de graines récoltées, s'il y a lieu, et plan du champ d'expérience.

N. B. La Commission exprime le vœu qu'il y ait à proximité de la galerie des écoles normales un terrain réservé à un champ d'expérience et un jardin botanique d'école normale ; la Commission exprime également le vœu que les écoles normales soient appelées à prendre part à l'exposition agricole.

TITRE IV.

ÉCOLES ANNEXÉES AUX ÉCOLES NORMALES PRIMAIRES.

Demander aux directeurs et directrices d'écoles normales :

1° Une notice sur l'organisation de l'*école annexe*, avec spécimens des travaux des élèves-maîtres relatifs à l'école annexe et des résultats de leur enseignement dans cette école ;

2° Une notice sur l'organisation de l'*école maternelle* annexée à l'école normale d'institutrices.

Instructions relatives au titre IV.

(*a*) *École annexe.* — La notice relative à cette école (formant fascicule séparé) indiquera comment est organisée la préparation professionnelle des élèves-maîtres ou des élèves-maîtresses. Y a-t-il un journal de classe tenu par les élèves-maîtres? Quelle part les professeurs de l'école normale prennent-ils aux exercices des élèves-maîtres à l'école annexe?

Joindre des spécimens d'observations recueillies par les élèves maîtres sur les caractères et les habitudes de travail des écoliers de l'école annexe; des notes sur la discipline, des procès-verbaux de discussions relatives à ce sujet et à la façon d'enseigner; quelques spécimens, s'il y en a, d'appareils de démonstration et d'échantillons de leçons de choses préparés par les élèves-maîtres pour rendre l'enseignement plus intuitif; choix de cahiers de devoirs, dessins, cartes et autres travaux exécutés à l'école annexe sous la direction immédiate des élèves-maîtres.

N. B. — Pour le travail manuel et la couture, les écoles annexes qui devront envoyer des spécimens à l'Exposition seront désignées ultérieurement après l'inspection générale.

(*b*) *Écoles maternelles.* — Notice sur l'organisation de l'école maternelle, son aménagement, son matériel, ses appareils démonstratifs; méthodes, guides pour les jeux, chants dramatisés et autres exercices, travaux types préparés par les élèves-maîtresses, choix de spécimens de petits ouvrages d'enfants exécutés sous la direction des élèves-maîtresses, avec indication précise de l'âge des enfants, du temps employé pour chaque petit ouvrage, etc.

TITRE V.

EXPOSITION DES ÉCOLES NORMALES SUPÉRIEURES
D'ENSEIGNEMENT PRIMAIRE.

La Commission est d'avis qu'il y a lieu d'inviter les directeurs et directrices de ces établissements à préparer une exposition qui soit de nature à permettre au public d'en apprécier la haute destination et d'en comprendre l'organisation au triple point de vue de l'aménagement, des méthodes et des résultats d'enseignement.

NOTE GÉNÉRALE.

1. Comme il est facile de prévoir que l'espace réservé aux écoles normales sera relativement limité, la Commission recommande aux directeurs et directrices de borner leurs envois aux choses vraiment dignes de figurer à l'Exposition tant par leur valeur intrinsèque que par leur disposition extérieure.

2. Il est recommandé aux directeurs et directrices de mentionner sur leur bordereau d'envoi, par une note spéciale, les objets sur lesquels ils désirent surtout attirer l'attention du jury.

3. Les instructions ci-dessus ont surtout pour but d'apporter de

l'unité et de l'ordonnance dans l'exposition des écoles normales; mais la Commission s'en remet à l'initiative du personnel dirigeant et enseignant pour combler les lacunes de la présente nomenclature; elle le prie de ne pas hésiter à lui adresser les travaux ou documents originaux qu'il croirait de nature à donner du relief à la physionomie individuelle de leur école. Elle souhaiterait que l'exposition scolaire, qui coïncidera avec la date du centenaire de 1789, fût une occasion de donner essor à l'esprit d'initiative des élèves-maîtres, et, à ce propos, elle est d'avis qu'on pourrait leur offrir :

1° De présenter dans un fascicule séparé, qui serait intitulé *Vœux des élèves-maîtres*, les idées relatives à l'organisation des écoles normales que leurs réflexions leur suggéreront;

2° De préparer librement, s'ils en ont le désir, comme œuvre collective entièrement laissée à leur choix, et qui ne devrait pas empiéter sur leurs études, quelque travail historique, artistique, littéraire ou autre. Ce serait comme un mémorial du centenaire de 1789, intéressant surtout par le fait de la libre et patriotique collaboration dont il serait le produit.

CONCLUSION ET VŒUX.

Les conditions de l'espace et du crédit dont l'Administration disposera pour la section des écoles normales n'étant point connues, la 5ᵉ Sous-Commission n'a pu aborder qu'incidemment la question de savoir si toutes les écoles normales de France devraient être appelées à participer à l'exposition; elle paraît pencher pour l'affirmative (si l'espace le permettait).

Dans le cas contraire, il y aurait lieu, sans doute, de désigner, d'après les rapports de l'inspection générale, quelles écoles devraient exposer, soit complètement, soit partiellement.

La 5ᵉ Sous-Commission exprime le vœu que le Ministère de l'Instruction publique, outre le dossier de documents spéciaux aux écoles normales qu'il réunira sans doute dans son exposition officielle, peut-être aussi avec un choix de travaux types disposés par ordre de matières d'enseignement, fasse aussi figurer :

1° *Une représentation aussi complète que possible, et présentée de la façon la plus claire possible pour le grand public*, de l'installation matérielle d'une école normale aménagée dans les meilleures conditions qui ont pu être réalisées en France;

2° *Un spécimen en nature de chacune des diverses collections que, depuis plusieurs années, l'État a concédées comme premier fonds indispen-*

sable d'outillage d'enseignement à toutes les nouvelles écoles normales d'instituteurs et d'institutrices, savoir : concessions d'agrès de gymnastique, de livres, de matériel géographique (cartes, globes, reliefs); concessions de matériel scientifique (images et modèles d'histoire naturelle, modèles d'anatomie classique, herbiers types, roches, instruments de physique et de chimie, outillage de géologie, d'herborisation, d'arpentage et de météorologie, modèles de dessin en plâtre et spécimens d'outils d'atelier manuel).

6ᵉ SOUS-COMMISSION.

COURS D'ADULTES. — BIBLIOTHÈQUES POPULAIRES DES ÉCOLES.
BIBLIOTHÈQUES PÉDAGOGIQUES.
SOURDS-MUETS. — JEUNES AVEUGLES.

Président et rapporteur : M. Durand.

La 6ᵉ Sous-Commission, s'étant réunie les 28 mai et 6 juin 1887, adopte les dispositions suivantes pour être soumises à l'approbation de la Commission plénière.

I

COURS D'ADULTES ET D'APPRENTIS.

Cette exposition comprendra :

1° Collection des lois, décrets, arrêtés et instructions sur la matière ;

2° Statistique des cours d'adultes publics et libres, à la date la plus rapprochée du centenaire ; comparaison avec 1867 et 1878 ;

3° Procédés et méthodes d'enseignement en tant qu'ils servent spécialement aux adultes et se distinguent des procédés et méthodes employés dans les classes ordinaires ;

4° Mémoires des instituteurs ;

5° Travaux des adultes empruntés aux cours publics. Dans le nombre scraient comprises des séries de travaux appartenant aux mêmes individus, et permettant de juger les progrès accomplis par un adulte, en un laps de temps déterminé.

Ceci constituerait la part directe et personnelle du Ministère de l'Instruction publique, son œuvre propre en fait de cours d'adultes ;

6° Large part serait faite aux villes dans lesquelles les cours d'adultes sont l'objet, de la part des municipalités, d'une sollicitude marquée et fournissent l'exemple d'applications originales et variées ;

7° Même observation en ce qui concerne certaines associations libres qui ont tant contribué depuis vingt ans au succès de l'institution.

Ces dernières, dont quelques-unes reçoivent de fortes subventions de l'État et empruntent le concours gratuit des professeurs publics, ne refuseraient pas, il y a lieu de le penser, la proposition qui leur serait faite d'exposer leurs travaux conjointement avec le Ministère, et dans la partie du palais réservée à l'exposition de l'Instruction publique. Toutes mesures étant prises pour assurer leur indépendance et l'ample déploiement de leur personnalité, elles ne seraient sans doute pas insensibles à l'honneur de figurer côte à côte avec les cours publics et municipaux, contribuant ainsi, pour leur bonne part, à donner de notre travail intellectuel et de notre culture nationale l'idée à la fois la plus exacte et la plus élevée possible.

II

BIBLIOTHÈQUES POPULAIRES DES ÉCOLES.

L'exposition des bibliothèques populaires des écoles comprendrait :

1° Le recueil des lois, décrets, arrêtés, instructions concernant la matière ;

2° Une statistique générale des résultats obtenus à la date la plus rapprochée du centenaire ;

3° Une statistique comparative dont les points saillants seraient :

1862. Point de départ, sous le ministère Rouland, des progrès de l'œuvre (arrêté du 1ᵉʳ juin 1862) ;

1867. Année de l'Exposition universelle coïncidant avec le ministère de M. Duruy ;

1878. Année de l'Exposition universelle coïncidant avec le ministère de M. Bardoux ;

1889. Année du centenaire ;

4° Un vaste tableau pourrait, sous forme de diagrammes et autres procédés graphiques, enregistrer et permettre de mesurer d'un seul coup d'œil les progrès réalisés depuis vingt-cinq ans dans cet ordre de faits ;

5° L'exposition du Ministère comprendrait encore *le catalogue méthodique* de tous les ouvrages actuellement adoptés par la commission compétente pour les bibliothèques populaires des écoles.

Ce livre servirait de répertoire intéressant à qui voudrait se rendre compte de la somme de travail et de talent dépensée depuis vingt ans et plus au service de l'éducation populaire ;

6° Il y faudrait joindre les ouvrages eux-mêmes, non pas reliés d'une manière brillante, mais dans le modeste costume des jours de classe, et tels qu'ils se présentent quand l'instituteur les confie aux mains laborieuses qui les doivent feuilleter;

7° A côté de cette vaste collection centrale figureraient, dans des armoires du modèle réglementaire, avec addition d'un catalogue, quatre collections spéciales répondant aux quatre types de bibliothèque les plus répandus : 1° la bibliothèque accommodée aux besoins d'une grande ville ; 2° la bibliothèque intermédiaire ; 3° la petite bibliothèque rurale ; 4° quelques rayons spécialement destinés à contenter les lectrices des écoles de filles.

Pour composer ces quatre types de bibliothèque, la Sous-Commission prévoit deux modes d'opérer : soit composer une sorte de bibliothèque idéale, au moyen du catalogue précité; soit, sur les indications des Inspecteurs d'Académie, saisir sur le vif une bibliothèque existante à laquelle on reconnaîtrait assez de mérite pour servir de modèle.

Chacun des deux modes a ses avantages;

8° Des associations libres se sont fondées pour encourager le goût de la lecture. Quelques-unes ont rendu de réels services à la cause de l'éducation populaire. La Sous-Commission est d'avis qu'on fasse appel à leur concours dans les conditions précédemment indiquées pour les associations libres formées en vue de l'instruction des adultes.

Rapprocher l'une de l'autre et montrer dans un harmonieux accord l'œuvre de l'État et celle des particuliers, faire conclure à l'efficacité de l'union de ces deux forces dont l'une s'appelle le pouvoir central, l'autre l'initiative individuelle, tel est, ce semble, l'idéal qu'il est désirable et facile de réaliser dans une exposition qui se réclame de 1789.

III

BIBLIOTHÈQUES DES LIVRES DE CLASSE.

La Sous-Commission est d'avis de centraliser dans une bibliothèque spéciale les livres classiques en prenant pour base de son choix les listes adoptées par les instituteurs réunis en conférences cantonales, listes revisées ou approuvées par les Inspecteurs primaires siégeant sous la présidence de l'Inspecteur d'Académie.

Il s'ensuivrait, si la mesure est adoptée, cette utile conséquence : c'est que les listes cantonales et départementales devraient être, en 1888, l'objet d'une revision attentive et sévère, pour le plus grand bien des maîtres et des élèves.

IV

BIBLIOTHÈQUES DES ÉCOLES NORMALES.

La Sous-Commission, après s'être mise d'accord avec la Sous-Commission spécialement chargée de préparer le projet d'exposition des écoles normales, propose de faire figurer la bibliothèque des écoles normales entre les bibliothèques populaires et les bibliothèques pédagogiques. Ne font-elles pas partie du même ensemble de moyens, du même système d'instruction et d'éducation ?

On verrait donc figurer sous ce titre : 1° le catalogue officiel que publie en ce mement le Ministère de l'Instruction publique ; 2° les ouvrages mêmes inscrits au catalogue.

V

BIBLIOTHÈQUES PÉDAGOGIQUES.

L'exposition comprendrait :

1° La bibliothèque circulante du Musée pédagogique, avec son catalogue ;

2° La statistique des bibliothèques pédagogiques fondées dans les départements ;

3° Une de ces bibliothèques prise comme type et munie de son catalogue.

VI

ÉCOLES DES SOURDS-MUETS, JEUNES AVEUGLES, ETC.

Ces institutions relevant directement du Ministère du l'Intérieur, la Sous-Commission est d'avis qu'il y a lieu, au préalable, de s'entendre avec lui et s'en remet de ce soin à l'autorité compétente.

Paris, le 8 juin 1887.

MODE GÉNÉRAL D'EXPOSITION.

Nota. — La question du mode d'exposition n'a pas été traitée en fait par la Sous-Commission ; mais à défaut d'un vote de principe elle admet :

1° L'exposition des collectivités municipales et départementales, conjointement avec l'exposition du Ministère ;

2° L'exposition de celles d'entre les associations libres qui, en matière de cours d'adultes et de bibliothèques scolaires, servent comme d'auxiliaires à l'État et s'inspirent des mêmes principes.

TABLE DES MATIÈRES.

PARTIE OFFICIELLE.

Fascicule n° 11.

Le projet de loi sur l'organisation de l'enseignement primaire (1886), recueil de documents parlementaires relatifs à la discussion de cette loi au Sénat (2ᵉ *délibération*). Un volume in-8° de 391 pages. Prix.. 2 fr.

Fascicule n° 12.

La philosophie et l'éducation ; Descartes et le XVIIIᵉ siècle, par Georges Lyon.

Fascicule n° 13.

Conférence sur l'histoire de l'art et de l'ameublement, par Edmond Guillaume.

Fascicule n° 14.

Les écoles industrielles à l'étranger, d'après les rapports de MM. Sallicis et Jost.

Fascicule n° 15.

Les boursiers de l'enseignement primaire à l'étranger, par Jost et Bonet Maury.

Fascicule n° 16.

Écoles d'enseignement primaire supérieur. Historique et législation.

Fascicule n° 17.

Rapport sur l'instruction publique à l'exposition universelle de la Nouvelle-Orléans, par B. Buisson.

Fascicule n° 18.

Le projet de loi sur l'organisation de l'enseignement primaire (1886), recueil de documents parlementaires relatifs à la discussion de cette loi à la Chambre des députés. Un volume in-8° de 308 pages. Prix............................. .... 1ᶠ75ᶜ.

Fascicule n° 19.

Les colonies de vacances, par M. W. Bion.

Fascicule n° 20.

Règlements organiques de l'enseignement primaire.

Fascicule n° 21.

Catalogue des bibliothèques scolaires. (En préparation.)

Fascicule n° 22.

Catalogue des bibliothèques pédagogiques. (En préparation.)

Fascicule n° 23.

Catalogue des lectures récréatives pour les veillées de l'école et de la famille. (En préparation.)

Fascicule n° 24.

Catalogue des périodiques scolaires de tous les pays. (En préparation.)

Fascicule n° 25.

Résumé du Répertoire des ouvrages pédagogiques du XVIᵉ siècle. (Sous presse.)

Fascicule n° 26.

Le phonétisme au congrès de Stockholm, par M. Paul Passy.

Fascicule n° 27.

Règlements relatifs à la création et à l'installation des écoles publiques.

Fascicule n° 28.

Pestalozzi, étude, par M. Hérisson.

Fascicule n° 29.

Le certificat d'aptitude pédagogique, par M. Berger.

Fascicule n° 30.

Le certificat d'études primaires supérieures.

Fascicule n° 31.

La bibliothèque circulante du musée pédagogique.

Fascicule n° 32.

Les bibliothèques des écoles normales d'instituteurs et d'institutrices. Catalogues, relevés, statistiques, Conseils et Direction. (En préparation.)

Fascicule n° 33.

Deux lettres ministérielles aux instituteurs de France. (Préface de M. Pécaut.)

Fascicule n° 34.

Enseignement de l'agriculture.

Fascicule n° 35.

Les diplômes de capacité pour l'enseignement du dessin, par M. Keller. (En préparation.)

Fascicule n° 36.

Bourses de l'enseignement primaire supérieur.

Fascicule n° 37.

Résumé des états de situation de l'enseignement primaire pour l'année scolaire 1885-1886.

Fascicule n° 38.

L'Exposition scolaire de 1889.

Fascicule n° 39.

Extraits d'Horace Mann, avec notice, par M. Gaufrès.

Fascicule n° 40.

Décrets, arrêtés, circulaires et décisions ministérielles pour l'application de la loi du 30 octobre 1886 et des règlements organiques du 18 janvier 1887.

Fascicule n° 41.

Lois et règlements scolaires de l'Algérie. (Sous presse.)

Fascicule n° 42.

Les auteurs du brevet supérieur, par Mlle S. R. (En préparation.)

Fascicule n° 43.

Le cahier des devoirs mensuels. (En préparation.)